LÍNGUA PORTUGUESA

CÉLIA PASSOS

Cursou Pedagogia na Faculdade de Ciências Humanas de Olinda, PE, com licenciaturas em Educação Especial e Orientação Educacional. Professora do Ensino Fundamental e Médio (Magistério), coordenadora escolar e autora de materiais didáticos.

ZENEIDE SILVA

Cursou Pedagogia na Universidade Católica de Pernambuco, com licenciatura em Supervisão Escolar. Pós-graduada em Literatura Infantil. Mestra em Formação de Educador pela Universidade Isla, Vila de Nova Gaia, Portugal. Formação em *coaching*. Professora do Ensino Fundamental, supervisora escolar e autora de materiais didáticos e paradidáticos.

5ª edição
São Paulo
2022

2.º ANO
ENSINO FUNDAMENTAL

Coleção Eu Gosto Mais
Língua Portuguesa 2º ano
© IBEP, 2022

Diretor superintendente	Jorge Yunes
Diretora adjunta editorial	Célia de Assis
Coordenadora editorial	Viviane Mendes
Editor	RAF Editoria e Serviços
Assistente editorial	Isabelle Ferreira, Isis Lira
Revisores	RAF Editoria e Serviços
Secretaria editorial e processos	Elza Mizue Hata Fujihara
Assistentes de iconografia	RAF Editoria e Serviços
Ilustração	Carlos Jorge Nunes, Dawidson França, Imaginario Studio, João Anselmo e Izomar, José Luis Juhas/Illustra Cartoon, Osvaldo Sequetin, Ulhôa Cintra, Vanessa Alexandre
Produção gráfica	Marcelo Ribeiro
Projeto gráfico e capa	Aline Benitez
Diagramação	Nany Produções Gráficas

Dados Internacionais de Catalogação na Publicação (CIP) de acordo com ISBD

P289e   Passos, Célia

          Eu gosto mais Língua Portuguesa 2º ano / Célia Passos, Zeneide Silva. - 5. ed. - São Paulo : IBEP - Instituto Brasileiro de Edições Pedagógicas, 2023.
          296 p. : il. ; 20,5cm x 27,5cm.

          Inclui índice e bibliografia.
          ISBN: 978-65-5696-116-3
          ISBN: 978-65-5696-117-0

          1. Ensino Fundamental Anos Iniciais. 2. Livro didático. 3. Português. I. Silva, Zeneide. II. Título.

2022-2638   CDD 372.07
                                                                                CDU 372.4

Elaborado por Odilio Hilario Moreira Junior - CRB-8/9949

        Índice para catálogo sistemático:
        1.   Educação - Ensino fundamental: Livro didático 372.07
        2.   Educação - Ensino fundamental: Livro didático 372.4

5ª edição – São Paulo – 2022
Todos os direitos reservados

Rua Agostinho de Azevedo, S/N – Jardim Boa Vista
São Paulo/SP – Brasil – 05583-0140
Tel.: (11) 2799-7799 – www.editoraibep.com.br/
Gráfica Trust - Fevereiro de 2024

APRESENTAÇÃO

Querido aluno, querida aluna,

Ao elaborar esta coleção, pensamos muito em vocês.

Queremos que esta obra possa acompanhá-los em seu processo de aprendizagem pelo conteúdo atualizado e estimulante que apresenta e pelas propostas de atividades interessantes e bem ilustradas.

Nosso objetivo é que as lições e as atividades possam fazer vocês ampliarem seus conhecimentos e suas habilidades nessa fase de desenvolvimento da vida escolar.

Por meio do conhecimento, podemos contribuir para a construção de uma sociedade mais justa e fraterna: esse é também nosso objetivo ao elaborar esta coleção.

Um grande abraço,

As autoras

SUMÁRIO

LIÇÃO

1 Bê-a-bá
- **Vamos começar!** – "Bê-a-bá" (canção) 8
- **Estudo do texto** 10
- **Estudo da língua**
  Alfabeto 12
- **Um texto puxa outro** – "As letras vão passear" (canção) 15
- **Produção de texto** – letra de canção 16
- **Ampliando o vocabulário** 18
- **Leia mais** 19

2 Balaio de gatos
- **Vamos começar!** – "balaio de gatos" (POEMA) 20
- **Estudo do texto** 22
- **Estudo da língua**
  Vogais e consoantes 24
- **Um texto puxa outro** – "Ratãozinho" (história por imagem) 26
- **Produção de texto** – poema 29
- **Ampliando o vocabulário** 32
- **Leia mais** 33

3 Banguela!
- **Vamos começar!** – "Banguela!" (história em quadrinhos) 34
- **Estudo do texto** 36
- **Eu gosto de aprender mais** 38
- **Estudo da língua**
  Letras **D** e **T** 40
- **Um texto puxa outro** – "Dente no telhado" (conto) 42
- **Produção de texto** – Relato de experiência pessoal 43
- **Ampliando o vocabulário** 44
- **Leia mais** 45

4 Carol vai ao dentista
- **Vamos começar!** – Carol (história em quadrinhos) 46
- **Estudo do texto** 47
- **Um texto puxa outro** – "Entregar à fada ou para pesquisas?" (reportagem) 49
- **Estudo da língua**
  Ordem alfabética 50
  Letras **B** e **P** 55
- **Eu gosto de aprender mais** 58
- **Produção de texto** – História em quadrinhos 59
- **Ampliando o vocabulário** 61
- **Leia mais** 61

LIÇÃO

5 De Renata para Marina
- **Vamos começar!** – Bilhete 68
- **Estudo do texto** 68
- **Estudo da língua**
  - Espaçamento entre as palavras 72
  - Letras cursivas 73
- **Um texto puxa outro** – "Sonata ao luar" (poema) 76
- **Produção de texto** – Bilhete 78
- **Ampliando o vocabulário** 80
- **Leia mais** 81

6 Carta para a vovó Joana
- **Vamos começar!** – Carta pessoal 82
- **Estudo do texto** 83
- **Estudo da língua**
  - Sílabas 86
  - Letras **F** e **V** 88
  - Acento agudo e acento circunflexo 90
- **Um texto puxa outro** – *E-mail* 92
- **Produção de texto** – Carta 94
- **Ampliando o vocabulário** 96
- **Leia mais** 97

7 Frutas no palito
- **Vamos começar!** – "Frutas no palito" (receita culinária) 98
- **Estudo do texto** 100
- **Um texto puxa outro** – "O caldeirão da bruxa" (poema) 104
- **Estudo da língua**
  - Letras **M** e **N** 106
  - Til (~) 108
- **Produção de texto** – Receita culinária 110
- **Ampliando o vocabulário** 112
- **Leia mais** 113

8 Aniversário
- **Vamos começar!** – "Aniversário" (relato de memória) 114
- **Estudo do texto** 115
- **Estudo da língua**
  - Frase 117
  - Sinais de pontuação 118
- **Um texto puxa outro** – "Uma festa e tanto" (conto) 122
- **Produção de texto** – Relato pessoal 124
- **Ampliando o vocabulário** 126
- **Leia mais** 127
- **Organizando conhecimentos** 128

LIÇÃO

9 Um pulo na floresta
- Vamos começar! – "Um pulo na floresta" (reportagem).............................134
- Estudo do texto...136
- Estudo da língua
  Letras **R** e **RR**..140
- Um texto puxa outro – "Quando a escola é a natureza" (relato) 142
- Eu gosto de aprender mais..145
- Produção de texto – Registro de observação de resultado de pesquisa....148
- Ampliando o vocabulário..150
- Leia mais..151

10 Perna de pau dos Xavante
- Vamos começar! – "Perna de pau dos Xavante"
  (verbete de enciclopédia infantil)...152
- Estudo do texto...153
- Estudo da língua
  Letras **C** e **Q**...156
- Um texto puxa outro – "Sou indígena e sou criança" (poema)................158
- Eu gosto de aprender mais..160
- Produção de texto – Entrevista/Registro de observação....................161
- Ampliando o vocabulário..164
- Leia mais..165

11 O diário da Julieta
- Vamos começar! – "7 novembro" (diário ficcional)...........................166
- Estudo do texto...167
- Eu gosto de aprender mais..170
- Estudo da língua
  Singular e plural...172
  S e **Z** em final de palavra..178
- Um texto puxa outro – "Rex em: Querido Diário"
  (história em quadrinhos)..180
- Produção de texto – Diário pessoal..182
- Ampliando o vocabulário..184
- Leia mais..185

12 Rosa flor e rosa cor
- Vamos começar! – "Rosa flor", "Rosa cor" (quadrinhas) 186
- Estudo do texto...187
- Estudo da língua
  Masculino e feminino 188
  Letras **S** e **SS**..193
- Um texto puxa outro – "Por que os flamingos são
  cor-de-rosa e laranja?" (curiosidade).......................................197
- Produção de texto – Quadrinha..198
- Ampliando o vocabulário..201
- Leia mais..201
- Organizando conhecimentos 202

LIÇÃO

13 Poluição dos oceanos
- **Vamos começar!** – "Por que alguns animais marinhos comem lixo?" (reportagem)....... 208
- **Estudo do texto** 210
- **Estudo da língua**
  - Sinônimos 213
  - Antônimos 216
- **Um texto puxa outro** – "Aprendendo a reciclar" (verbete de enciclopédia)............... 218
- **Produção de texto** – Texto de campanha de conscientização 219
- **Ampliando o vocabulário** 222
- **Leia mais** 223

14 O menino que vendia palavras
- **Vamos começar!** – "Projeto Iurupari – Grupo de teatro da Ufopa apresenta o espetáculo infantil 'O menino que vendia palavras'" (sinopse de peça teatral) 224
- **Estudo do texto** 225
- **Um texto puxa outro** – "O menino que vendia palavras" (trecho do conto) 228
- **Estudo da língua**
  - Dicionário 230
  - H inicial, **LH**, **CH**, **NH** 233
  - Palavras com **IM-** e **IN-** 236
- **Produção de texto** – Indicações literárias 237
- **Ampliando o vocabulário** 239
- **Leia mais** 239

15 Por que o morcego só voa de noite
- **Vamos começar!** – "Por que o morcego só voa de noite" (conto).............................. 240
- **Estudo do texto** 242
- **Estudo da língua**
  - Parágrafo 245
  - Consoante seguida de **R** 246
- **Um texto puxa outro** – "Por que os morcegos voam só à noite?" (texto informativo) .. 249
- **Produção de texto** – Relato de observação de resultado de pesquisa........................ 250
- **Ampliando o vocabulário** 251
- **Leia mais** 251

16 O jabuti de asas
- **Vamos começar!** – "O jabuti de asas" (conto)... 252
- **Estudo do texto** 254
- **Estudo da língua**
  - Consoante seguida de **L** 257
- **Eu gosto de aprender mais** 259
- **Um texto puxa outro** – "A festa no céu" (texto teatral) 260
- **Produção de texto** – Conto 263
- **Ampliando o vocabulário** 265
- **Leia mais** 265
- **Organizando conhecimentos** 266

REFERÊNCIAS 271
ALMANAQUE 273
ADESIVOS 289

BÊ-A-BÁ

VAMOS COMEÇAR!

 Acompanhe a leitura da canção que o professor vai fazer.

Bê-a-bá

[...]
Com **A** escrevo **a**mor,
Com **B b**ola de cor,
Com **C** eu tenho **c**orpo, **c**ara e **c**oração.
Com **D** ao meu **d**ispor, escrevo **d**ado e **d**or,
Com **E** eu sinto **e**moção!
Com **F** falo **f**lor,
Com **G** eu **g**rito **g**ol
E com **H** de **h**aver eu posso **h**armonizar.
Com **I** desejo **i**r,

VANESSA ALEXANDRE

Com **J** volto **j**á,
Com **L** eu tenho **l**uar.
Com **M** digo **m**ão, **m**amãe, **m**anjericão,
Com **N** digo **n**ão e o verbo **n**ascer.
Com **O** eu posso **o**lhar,
Com **P** **p**aparicar,
Com **Q** eu **q**uero **q**uerer.
Com **R** faço **r**ir,
Com **S** **s**apoti,
Com **T** **t**amanduá,
Com **U** **U**rubupungá.
Com **V** juro que **v**i,
Com **X** faço **x**ixi,
No fim o **Z** da **z**ebra

Toquinho e Elifas Andreato. *Canção de todas as crianças*.
Rio de Janeiro: Universal, 1987, CD.

As palavras destacadas em azul também estão na seção **Ampliando o vocabulário**.

 **ESTUDO DO TEXTO**

1 Com a ajuda do professor, copie palavras da canção **Bê-a-bá** iniciadas pelo som das letras a seguir.

A		N	
B		O	
C		P	
D		Q	
E		R	
F		S	
G		T	
H		U	
I		V	
J		W	
K		X	
L		Y	
M		Z	

2 Com os colegas, descubra as respostas na letra da canção **Bê-a-bá** e escreva cada letra em um quadrinho.

a) É o nome de um brinquedo.
Começa com **B** e termina com **A**.

b) É uma fruta. Começa com **S** e termina com **I**.

c) É o nome de um animal.
Começa com **T** e termina com **Á**.

> Na letra da canção, cada linha é chamada **verso**.

3 Leia este verso da canção.

> Com **C** eu tenho corpo, cara e coração.

Copie do verso acima as palavras escritas com:

4 letras: _____

5 letras: _____

7 letras: _____

4 Fale o nome das figuras em voz alta. Depois, complete as palavras com as vogais que faltam.

ILUSTRAÇÕES: FREEPIK

c___r___ção   z___br___   d___d___

ESTUDO DA LÍNGUA

Alfabeto

Usamos palavras para nos comunicar. As palavras são formadas por letras. Na Língua Portuguesa, há 26 letras que formam o alfabeto.

ATIVIDADES

1 Vamos relembrar o alfabeto? Leia-o em letra de imprensa e em letra cursiva, maiúsculas e minúsculas.

LETRAS MAIÚSCULAS

A	B	C	D	E	F	G	H	I
J	K	L	M	N	O	P	Q	R
S	T	U	V	W	X	Y	Z	

LETRAS MINÚSCULAS

a	b	c	d	e	f	g	h	i
j	k	l	m	n	o	p	q	r
s	t	u	v	w	x	y	z	

12

2 Escreva:

a) a primeira letra do seu nome. ☐

b) a primeira letra do nome do seu professor. ☐

c) a primeira letra do nome de um colega da turma. ☐

d) a primeira letra do nome da figura ao lado. ☐

3 Pesquise em jornais e revistas palavras com as quantidades de letras indicadas a seguir e cole-as nos espaços abaixo.

3 letras	4 letras

5 letras	6 letras

4 Com as letras do alfabeto escrevemos palavras, como o nome das pessoas. Leia os nomes abaixo.

| Daniela | Ana | Pedro | Lucas |

a) Observe quantas letras tem cada nome.

| D | a | n | i | e | l | a | 7 |

| A | n | a | 3 |

| P | e | d | r | o | 5 |

| L | u | c | a | s | 5 |

b) Esses nomes têm a mesma quantidade de letras?

_____

c) Pinte o nome que tem mais letras.

d) Marque um **X** nos nomes que têm a mesma quantidade de letras.

e) Copie o nome que tem menos letras.

_____

5 Leia o alfabeto abaixo e pinte as letras que formam seu nome.

A	B	C	D	E	F	G
H	I	J	K	L	M	N
O	P	Q	R	S	T	U
V	W	X	Y	Z

14

 **UM TEXTO PUXA OUTRO**

 Acompanhe a leitura de outra canção.

As letras vão passear

As letras vão passear.
Tudo pode acontecer.
Com palmas, vou declamar:
A, Bê, Cê.
[...]
Quero agradecer ao chefe:
Dê, E, Efe.
Vai cantar o bem-te-vi:
Gê, Agá, I.
Sinto aqui na minha pele:
Jota, Cá, Ele.
Quero desatar o nó:
Eme, Ene, O.
Cante alto, mas não berre:
Pê, Quê, Erre.
Gostei de Caruaru:
Esse, Tê, U.
Quero desenhar com giz:
Vê, Dáblio, Xis.
Contei tudo pra você:
Ípsilon, Zê.
O passeio terminou.
Um passeio especial.
Agora, pra despedir:
– Tchau, tchau, tchau!

CARLOS JORGE NUNES

Carlos Nadalim, Francisco Marques e Estêvão Marques. **Linha, agulha, costura:** canção, brincadeira, leitura. Belo Horizonte: Desvendério, 2017. p. 46-47.

1 Escreva as letras do alfabeto nos quadrinhos a seguir. Fale o nome de cada letra enquanto as escreve.

15

PRODUÇÃO DE TEXTO

Nesta lição, você leu uma canção sobre o alfabeto. Vamos recriar os versos dessa canção com outras palavras que você conhece?

Preparação

Conte para o professor o que você gosta de fazer em casa, na escola, na rua, do que você gosta de comer, de brincar. Ele vai escrever as palavras na lousa.

Escrita

Complete os versos desta página e da seguinte com palavras que iniciam pelas letras do alfabeto. Se quiser, use palavras que o professor escreveu na lousa.

Com **A** escrevo _____

Com **B** _____

Com **C** _____

Com **D** _____

Com **E** _____

Com **F** _____

Com **G** _____

Com **H** _____

Com **I** _____

Com **J** _____

Com **K** _____

16

Com **L** _____

Com **M** _____

Com **N** _____

Com **O** _____

Com **P** _____

Com **Q** _____

Com **R** _____

Com **S** _____

Com **T** _____

Com **U** _____

Com **V** _____

Com **W** _____

Com **X** _____

Com **Y** _____

No fim o **Z** _____

Revisão

Releia seu texto, observando se você escreveu corretamente todas as palavras. Mostre-o também ao professor e corrija o que for necessário.

Apresentação

Leia sua canção para o professor e para os colegas.

AMPLIANDO O VOCABULÁRIO

Caruaru

(Ca-ru-a-**ru**): cidade localizada no estado de Pernambuco.

harmonizar

(har-mo-ni-**zar**): estar em harmonia, em acordo, em paz.

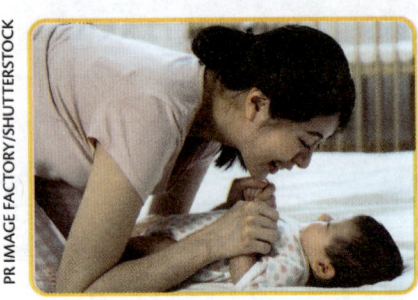

paparicar

(pa-pa-ri-**car**): mimar, tratar com carinho.

sapoti

(sa-po-**ti**): fruto do sapotizeiro.

Urubupungá

(U-ru-bu-pun-**gá**): nome que vem da língua indígena guarani e significa "grasnado de urubu". Hoje designa diversas localidades, como o complexo de usinas hidrelétricas banhadas pelo rio Paraná.

LEIA MAIS

Canção de todas as crianças

Álbum musical infantil de Toquinho e Elifas Andreato, baseado na Declaração dos Direitos Universais das Crianças, aprovada pela Organização das Nações Unidas em 1959.

Linha, agulha, costura: canção, brincadeira, leitura

Carlos Nadalim, Francisco Marques e Estêvão Marques. Belo Horizonte: Desvendério, 2017.

Esse livro, que vem acompanhado de um CD, traz vinte canções que trabalham os sons das letras.

Você nem imagina...

Rosângela Lima. São Paulo: Ibep, 2013.

Nesse livro, há pequenos poemas com animais que não são aquilo que esperamos que sejam: eles são muito mais divertidos e diferentes.

Fio de lua & raio de sol

Patrícia de Arias e Roseana Murray. São Paulo: Ibep, 2013.

Esse livro embarca os leitores em um raio de Sol e um fio de Lua e os leva delicadamente à poesia.

19

BALAIO DE GATOS

VAMOS COMEÇAR!

💬 Leia o título do poema e observe as ilustrações. Você sabe o que é um balaio? Você já ouviu a expressão **balaio de gatos**?

🧑 Acompanhe no livro a leitura que o professor vai fazer. Depois, leia o poema em voz alta com os colegas.

Balaio de gatos

Benito era um gato bonito,
Gambito, um gato cambaio.
Dormiam tão inocentes,
um no outro enroscados,
quando, sei lá, de repente,
Benito teve um faniquito,
Gambito disparou como raio.
Deram um salto esquisito,
caíram dentro do balaio.

DAWIDSON FRANÇA

20

O balaio ficou mais balofo
porque já estava lotado
de gatos de todos os jeitos:
brancos, pretos e malhados.
Dormiam lá dentro largados:
Marajá, o vira-lata rajado;
Pimpinela, a gata amarela;
Lizandro, o gato malandro;
um bando de gatos folgados!

O balaio balançou prum lado:
Gambito ficou abalado.
Balançou pro outro lado:
Benito pensou no peixe frito
que tinha há pouco almoçado.
O balaio balalão veio ao chão,
os gatos foram despejados,
cada um miando num tom.
Que coro mais desafinado!

Cláudio Fragata. *Balaio de bichos*.
São Paulo: DCL, 2010. p. 6.

ESTUDO DO TEXTO

Em um poema, cada conjunto de versos é chamado **estrofe**.

1 Marque **X** nas informações que estão de acordo com o poema **Balaio de gatos**.

☐ Há três estrofes.   ☐ Não há rimas.

☐ Há nove versos em cada estrofe.

2 Escreva o nome:

a) do gato bonito: _____

B) do gato cambaio: _____

3 No poema, Gambito disparou como raio. Significa que o gato:

☐ se assustou com um raio.

☐ correu muito depressa.

4 Benito e Gambito caíram dentro do balaio. Por que o balaio ficou mais balofo?

☐ Porque os gatos deram um salto esquisito.

☐ Porque o balaio já estava lotado de gatos.

☐ Porque os gatos eram folgados.

5 No verso "O balaio balalão veio ao chão", que palavra transmite a ideia de movimento? Contorne-a.

balaio   balalão   chão

Em um poema, algumas palavras **rimam**, isto é, terminam com som igual ou parecido.

6 O professor vai reler a segunda estrofe do poema. Escute com atenção.

> O balaio ficou mais balofo
> porque já estava lotado
> de gatos de todos os jeitos:
> brancos, pretos e malhados.
> Dormiam lá dentro largados:
> Marajá, o vira-lata rajado;
> Pimpinela, a gata amarela;
> Lizandro, o gato malandro;
> um bando de gatos folgados!

a) Contorne de ✏️ a palavra que rima com **lotado**.

b) Contorne de ✏️ as palavras que rimam com **malhados**.

c) Complete de acordo com a segunda estrofe.

- Pimpinela é a gata _____.

- _____ é o gato malandro.

ESTUDO DA LÍNGUA

Vogais e consoantes

As letras **A, E, I, O** e **U** são as **vogais**.
As outras letras são as **consoantes**.
As letras **K, W** e **Y** são mais usadas em nomes de pessoas, palavras de origem estrangeira e abreviaturas.

1 Complete os desafios a seguir usando as palavras do quadro.

| desafinado | balaio | balalão |
| gato | faniquito | peixe |

a) palavra com 2 consoantes e 2 vogais: _____

b) palavra com 2 consoantes e 4 vogais: _____

c) palavra com 3 consoantes e 4 vogais: _____

d) palavra com 4 consoantes e 5 vogais: _____

e) palavra com 2 consoantes e 3 vogais: _____

f) palavra com 5 consoantes e 5 vogais: _____

2 Com um colega, escrevam no quadro a seguir três nomes iniciados com consoante e três nomes iniciados com vogal.

consoante	vogal

24

3 Observe as letras em destaque nos quadrinhos. Contorne as figuras que têm o nome iniciado com essas letras.

G

B

P

a) Escreva o nome das figuras que você não contornou.

_____

_____

b) O que essas palavras têm de parecido?

_____

_____

4 O professor vai ler alguns nomes:

| Talita | Paula | João | Lucas | Alexandre |

Copie o nome que:

a) tem somente duas vogais: _____

b) tem somente duas consoantes: _____

25

UM TEXTO PUXA OUTRO

Rato tem medo de gato. E gato, tem medo do quê?
Leia a história, observando cada um dos quadros.

RATÃOZINHO

Eva Furnari. *Bruxinha Zuzu e Gato Miú*. São Paulo: Moderna, 2010. p. 20-21.

1 O título da história que você acabou de ler é **RATÃOZINHO**.

Nessa história, o 🐭 vira um . Ligue.

🐭	ratão
	rato
🐀	ratinho

2 E se a transformação acontecesse com o gato?

a) Que palavra nomeia um gato pequeno?

☐ gato ☐ gatinho ☐ gatão

b) Que palavra nomeia um gato grande?

☐ gato ☐ gatinho ☐ gatão

3 Complete o quadro.

	pequeno	grande
cachorro		
coelho		

28

PRODUÇÃO DE TEXTO

Preparação

Recite, com os colegas, os versos abaixo. Eles fazem parte do livro *Era uma vez um gato xadrez...*

Decidam quem vai ler cada verso. Vocês podem organizar dois grupos. Por exemplo:

- alunos que tenham o nome iniciado por vogal e alunos que tenham o nome iniciado por consoante;
- alunos que nasceram em dia par e alunos que nasceram em dia ímpar.

Era uma vez
um gato colorido.
Brincava com os amigos
e era muito divertido.

Bia Villela. **Era uma vez um gato xadrez...**
São Paulo: Moderna, 2016.

Desenhe o gato colorido.

Escrita

Converse com os colegas sobre o trecho de poema que vocês recitaram. Depois, responda às questões.

- Há quantos versos?

  _____

- Que verso aparece no início da estrofe?

  _____

- Que versos rimam?

  _____

Reúna-se com um colega e escolham um animal. Pensem como ele é e o que gosta de fazer. Escrevam uma estrofe parecida com a que vocês recitaram.

No espaço abaixo, façam um rascunho da estrofe. Vocês podem começar com "Era uma vez" e escrever sobre o animal que quiserem.

_____
_____
_____
_____
_____
_____
_____

Revisão e reescrita

Releiam o texto produzido e verifiquem se vocês:

- escreveram corretamente todas as palavras;
- escrevam o texto em versos;
- criaram rimas.

Mostrem a produção escrita ao professor. Ele poderá fazer sugestões, se forem necessárias, para melhorar o texto ainda mais.

Passem o texto a limpo em uma folha avulsa e caprichem na letra para que fique bem legível.

Façam um desenho para a estrofe criada.

Publicação

O professor vai reunir as estrofes de todas as duplas para formar um livro. Um de cada vez poderá levar o livro para casa e recitar as estrofes para as pessoas da família.

AMPLIANDO O VOCABULÁRIO

balaio

(ba-**lai**-o): cesto.

balofo

(ba-**lo**-fo): gordo.

cambaio

(cam-bai-o): que tem pernas tortas.

faniquito

(fa-ni-**qui**-to): irritação; chilique; crise nervosa passageira.

LEIA MAIS

Balaio de bichos

Cláudio Fragata. São Paulo: DCL, 2010.

Nesse livro, há poemas cheios de rimas engraçadas sobre a bagunça da bicharada. Tem gato, burro, tatu, libélula e até canguru!

Bruxinha Zuzu e Gato Miú

Eva Furnari. São Paulo: Moderna, 2010.

Esse livro conta histórias da bruxinha Zuzu e de seu amigo, o gato Miú, que é um bichano muito dramático, trágico, sentimental e medroso.

Era uma vez um gato xadrez...

Bia Villela. São Paulo: Moderna, 2016.

Nesse livro, há divertidos poemas de quatro versos sobre os felinos.

33

LIÇÃO 3

BANGUELA!

VAMOS COMEÇAR!

O professor vai ler duas histórias em quadrinhos com os personagens Telúria e Mendelévio, que são irmãos. Acompanhe a leitura dos balões e observe as cenas.

HISTÓRIA 1

HISTÓRIA 2

João Marcos. *Histórias tão pequenas de nós dois: com Mendelévio e Telúria.* Belo Horizonte: Abacatte, 2011. p. 48-50.

 **ESTUDO DO TEXTO**

1 Responda:

a) Quem são os personagens das histórias em quadrinhos das páginas 34 e 35?

_____

b) Onde as histórias acontecem?

_____

2 Recorde os acontecimentos das histórias. Ouça o que o professor vai ler e marque **X** na resposta correta.

a) Como Telúria reagiu logo que perdeu o dente?

☐ Ela gostou, porque isso significava que estava crescendo.

☐ Ela não gostou nem um pouco de ter perdido o lindo sorriso.

b) O que Mendelévio fez para convencer a irmã a abrir a boca?

☐ Explicou a ela que era normal ficar banguela.

☐ Insistiu muito e prometeu não rir do sorriso dela.

c) Na história 2, da página 35, a Telúria:

☐ já estava acostumada com a falta do dente.

☐ achou ruim ficar banguela.

d) No final da história, Mendelévio andava calado porque:

☐ só pensava em jogar futebol.

☐ ele também ficou banguela.

3 Observe o formato dos balões que aparecem na história em quadrinhos. O que eles indicam? Ligue cada balão à descrição correspondente.

Indica que a personagem está gritando.

Indica que a personagem está falando.

Indica que a personagem está pensando.

4 Observe o quadrinho e complete a explicação.

Os balões indicam que Mendê está _____ e que telúria está _____.

Nas **histórias em quadrinhos**, aparecem balões diferentes para indicar a fala, os pensamentos e as emoções dos personagens. É importante saber o que cada balão significa para entender a história.

EU GOSTO DE APRENDER MAIS

A troca de dentes é um sinal de que você está crescendo. Você já notou que seus dentes têm formatos diferentes? Você sabe por que existe essa diferença?
Acompanhe a leitura do texto.

Tchau, dente de leite!

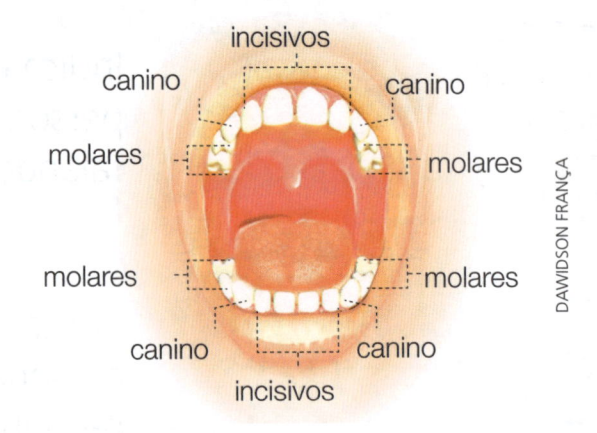

Fonte: Júlio Carlos Noronha, odontopediatra.

Entre 6 e 8 anos

É a média de idade em que caem os incisivos (se não for nessa faixa, não é obrigatoriamente um problema). Não há ordem fixa, mas, em geral, os inferiores (de baixo) [caem] primeiro e, depois, os superiores (de cima).

Entre 8 e 10 anos

Normalmente há uma pausa na queda dos dentes.

Entre 10 e 12 anos

É a faixa média de idade em que caem os caninos, os primeiros molares e os segundos molares. Não é uma regra fixa, mas os inferiores (dentes de baixo) costumam cair antes dos superiores (dentes de cima).

Gabriela Terenzi. Tchau, dente de leite! *Folha de S.Paulo*, São Paulo, 9 nov. 2013. Suplemento Folhinha. p. 6.

Por que os dentes caem?

Os dentes de leite têm um ciclo de vida. Eles nascem, formam raízes e depois de um tempo essas raízes são "comidas" pelo dente permanente que quer sair. Por isso, os dentes de leite ficam moles e caem.

Sofia Moutinho. Dossiê Dentes de Leite. Fonte: Revista *Ciência Hoje das Crianças* (on--line). Disponível em: http://chc.org.br/dossie-dentes-de-leite/. Acesso em: 29 jul. 2022.

1 Quantos dentes você tem na boca? Consiga um espelho pequeno. Observe os dentes inferiores e superiores.

Faça um desenho no espaço abaixo para representar sua arcada dentária.

ESTUDO DA LÍNGUA

Letras D e T

1 Leia a tirinha.

> PRA QUE ESSE MONTE DE CREME DENTAL?
>
> É QUE EU TENHO QUE ESCOVAR OS DENTES APÓS TODAS AS REFEIÇÕES!

Mauricio de Sousa. *120 Tirinhas da Turma da Mônica*. Porto Alegre: L&PM, 2012. p. 11.

> **Tiras** ou **tirinhas** são histórias contadas em um, dois, três ou até quatro quadrinhos.

a) Contorne o nome das personagens da tirinha.

   Cebolinha   Magali   Cascão   Mônica

b) Conte o que você entendeu da tirinha.

c) Você também escova os dentes após todas as refeições, como a personagem Magali?

2 Leia estas palavras, citadas na tirinha.

| D | E | N | T | A | L | | D | E | N | T | E | S |

a) Nas palavras da atividade 2, pinte as letras que são iguais e que estão na mesma posição.

b) Copie as letras que você pintou e forme uma nova palavra.

_____

_____

3 Leia as palavras. Elas são escritas com as letras **d** ou **t**.

| bode | tia | gados | dedo |
| dia | bote | teto | gato |

- Escreva o nome das figuras usando as palavras acima.

UM TEXTO PUXA OUTRO

O professor vai mostrar como o texto deve ser lido, com entonação, ritmo e fluência.

Dente no telhado

No dia em que o dente de leite de Joãozinho caiu, ele o jogou no telhado e fez um pedido muito especial. Dormiu. Na manhã seguinte, ao acordar, ele pensou, pensou, e nada: não se lembrava mais do pedido. O que teria acontecido com a sua cabeça? Seria a queda do dente um sinal de velhice prematura? A sua avó, mesmo sendo velha, deu uma explicação para o esquecimento: ao perder o dente, ele na verdade tinha perdido um pedaço da cabeça. Quem sabe se dentro daquele dente não estava também uma parte de seus desejos? Nesse caso, o seu pedido seria atendido, era só esperar. E foi o que aconteceu. Quando o menino já nem se lembrava mais de tentar lembrar o que tinha perdido, apareceu na sua porta... uma bicicleta! Feliz no seu sorriso banguela, ele subiu nela e saiu pelo bairro pedalando. Quando se distraiu, caiu no chão, bateu a boca e quebrou outro dente de leite, que está até agora no telhado, esquecido, com outro pedido.

Diléa Frate. *Histórias para acordar*. São Paulo: Companhia das Letrinhas, 2019. p. 20.

1 Você entendeu o que ouviu? Como você explicaria o esquecimento de Joãozinho?

2 Faça uma leitura do texto para um colega. Você entendeu o que leu? Seu colega entendeu o que ouviu?

3 Em casa, leia o texto para as pessoas de sua família.

PRODUÇÃO DE TEXTO

Preparação

Você já passou pela experiência de ficar sem um dente? Já ficou banguela?

Escrita

Escreva, nas linhas a seguir, como foi essa experiência.

___

___

___

___

___

___

___

Revisão

Mostre seu texto ao professor. Ele poderá sugerir correções. Corrija o que for necessário.

Apresentação

Em uma conversa com os colegas, relate o que você escreveu. Ao participar da conversa com os colegas, é importante:
- usar um tom de voz que possa ser ouvido por todos;
- pronunciar claramente as palavras para que todos possam entendê-lo;
- falar em um ritmo adequado, nem muito rápido nem muito devagar.

AMPLIANDO O VOCABULÁRIO

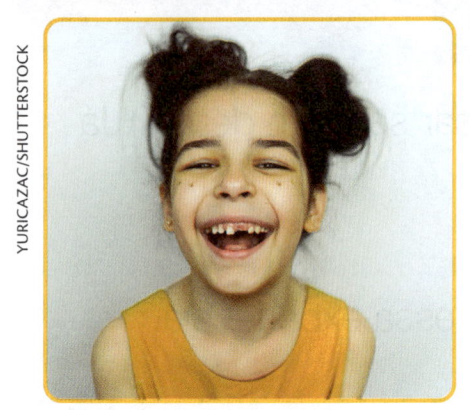

banguela

(ban-**gue**-la): pessoa que não tem dentes ou não tem os dentes da frente.

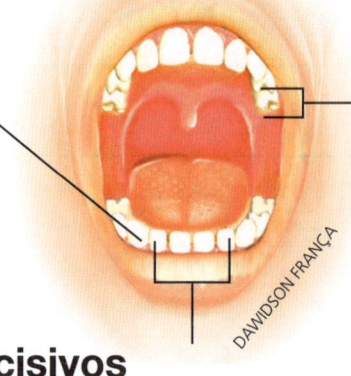

caninos

(ca-**ni**-nos): são os quatro dentes mais pontudos da boca que funcionam como presas, isto é, seguram alimentos mais resistentes para que possam ser rasgados.

molares

(mo-**la**-res): são os dentes que ficam no fundo da boca e trituram os alimentos para que sejam engolidos.

incisivos

(in-ci-**si**-vos): são os dentes responsáveis por cortar alimentos menos duros, quatro da arcada inferior e quatro na arcada superior.

Fonte: Júlio Carlos Noronha, odontopediatra.

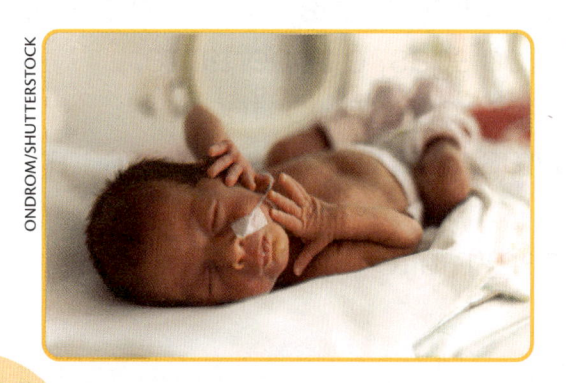

prematuro

(pre-ma-**tu**-ro)
1. Algo é prematuro quando acontece antes do tempo normal.
2. Um bebê é prematuro quando nasce antes do tempo.

44

LEIA MAIS

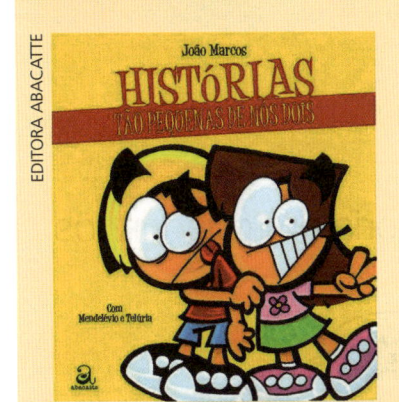

Histórias tão pequenas de nós dois: com Mendelévio e Telúria

João Marcos. Belo Horizonte: Abacatte, 2011.

Nesse livro, há muitas aventuras dos irmãos Mendelévio e Telúria contadas em histórias em quadrinhos.

120 tirinhas da Turma da Mônica

Mauricio de Sousa. Porto Alegre: L&PM, 2012.

Nesse livro, como diz o título, há 120 tirinhas da Turma da Mônica para você se divertir.

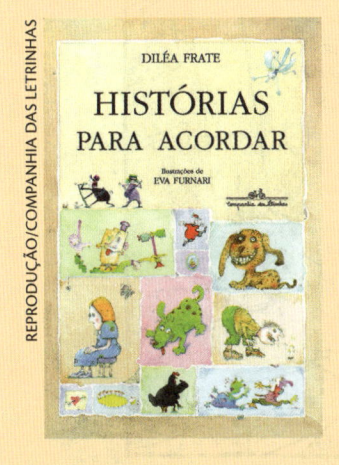

Histórias para acordar

Diléa Frate. São Paulo: Companhia das Letrinhas, 2019.

Neste livro, há 60 fábulas modernas, sem lições de moral, escritas em linguagem fácil de entender, que tratam do dia a dia das crianças.

LIÇÃO 4

CAROL VAI AO DENTISTA

VAMOS COMEÇAR!

Acompanhe a seguir a leitura de uma história em quadrinhos.

Laerte. *Carol*. São Paulo: Noovha América, 2010.

ESTUDO DO TEXTO

1 Converse com os colegas sobre os acontecimentos da história.

a) Você acha que a personagem Carol já tinha um plano antes de a consulta começar? Por quê?

b) O que a menina fez para pôr o plano em prática?

c) Por que o doutor não percebeu o que estava acontecendo?

d) Quando o doutor estranhou os pedidos da menina, já era tarde. Por quê?

2 Quantos quadrinhos formam a história? ☐

3 Onde se passa a história? O que você observou para responder?

_____

_____

_____

4 Leia a fala da personagem Carol.

> ALGUÉM AÍ GOSTA DE IR AO DENTISTA?

LAERTE

Para quem a personagem está fazendo essa pergunta? Marque **X** na resposta correta.

☐ Para o leitor da história em quadrinhos.

☐ Para o dentista.

47

5 Escreva o nome dos personagens da história em quadrinhos.

_____

6 Que título você daria a essa história em quadrinhos?

_____

7 As setas dos balões de fala indicam de onde está saindo a fala. Pinte o balão com a fala do dentista.

8 Além das letras, aparecem outros sinais na fala do dentista.

Esses sinais indicam que:

☐ o dentista se esqueceu do que ia falar.

☐ o dentista parou de falar porque percebeu que estava sozinho na sala.

É muito importante visitar o dentista regularmente para cuidar da saúde dos dentes. Não há motivo para ter medo.

UM TEXTO PUXA OUTRO

Acompanhe a leitura desta reportagem.

Entregar à fada ou para pesquisas?

Entre os 6 e os 11 anos, perdemos 20 dentes de leite. O que fazer com eles depois que caem?

A fada do dente é quem fica com a maior parte dos dentes das crianças entrevistadas nesta reportagem. Elas deixam o dente que caiu embaixo do travesseiro ou no parapeito da janela, para que a fada busque-o à noite e deixe algumas moedas como retribuição. Pode ser um presentinho também.

Mas nem todos acreditam na fada. Além disso, algumas crianças preferem não se desfazer dos dentes. Bruna B., 7, guardou na casa do pai, como lembrança, o primeiro que caiu.

Uma prática que já foi mais comum é a de fazer um pingente com o dente de leite caído e usá-lo como colar ou brinco. Outra ideia do passado é jogar o dente no telhado – para quem mora em casas, ainda é possível!

E os bancos de dente, quem conhece? São locais em que você entrega o dente para ser usado em pesquisas.

Adaptado de: Gabriela Terenzi. Tchau, dente de leite! *Folha de S.Paulo*, São Paulo, 9 nov. 2013. Suplemento Folhinha. p. 5.

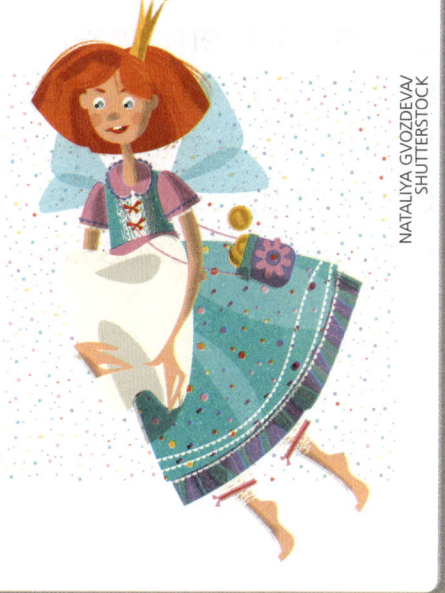

1 E você, o que faz com o dente depois que ele cai?

___

___

___

49

ESTUDO DA LÍNGUA

Ordem alfabética

Ordem alfabética é a ordem em que as letras aparecem no alfabeto da língua portuguesa. A ordem alfabética é útil para encontrarmos palavras quando elas aparecem em listas.

Encontramos a ordem alfabética na organização das palavras no dicionário, dos nomes em uma agenda telefônica, dos títulos dos livros em uma biblioteca, na lista de nomes dos alunos de uma turma etc.

Ana Carolina da Silva
Carlos Eduardo de Oliveira
Fabiana de Lima
Gabriela Costa Pereira
Luís Carlos Santos
Maria Fernanda Torres
Paulo de Castro
Rafaela de Souza
Tadeu de Melo Mendonça
Vitor Ferreira

Para colocar as palavras em ordem alfabética, você deve:

- saber de cor o alfabeto.

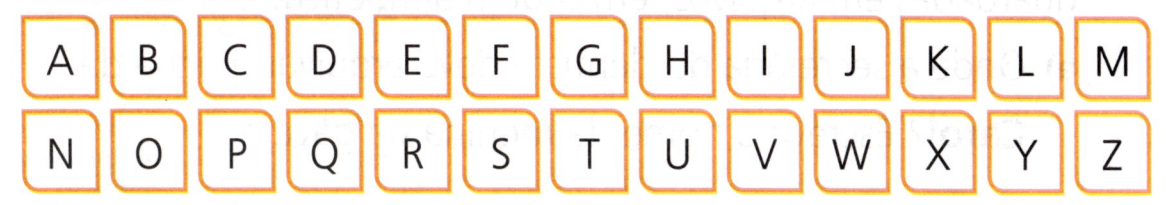

| A | B | C | D | E | F | G | H | I | J | K | L | M |
| N | O | P | Q | R | S | T | U | V | W | X | Y | Z |

- observar a primeira letra de cada palavra, por exemplo:

    a) **b**ola – **d**edo – **a**bacate – **f**oca – **c**adeira

    b) **s**apato – **t**atu – **p**apagaio – **r**ato – **q**ueijo

- escrever as palavras observando a sequência do alfabeto, como no exemplo:

    a) **a**bacate – **b**ola – **c**adeira – **d**edo – **f**oca

    b) **p**apagaio – **q**ueijo – **r**ato – **s**apato – **t**atu

ATIVIDADES

1 Ligue os pontos seguindo a ordem alfabética e descubra um animal.

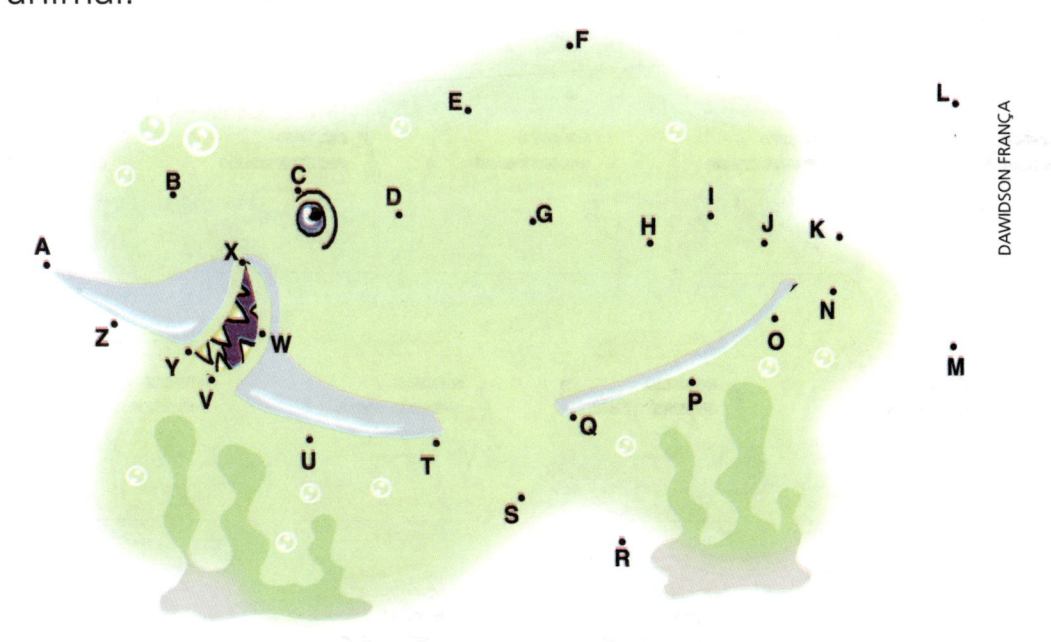

Escreva o nome do animal que você encontrou.

_____

51

2 No consultório do doutor Gil, as fichas dos pacientes são guardadas em arquivos, em ordem alfabética.

a) Onde a secretária do dentista deve arquivar a ficha da **Carol**? Escreva o nome da menina na gaveta.

b) Guarde mais estas fichas nas gavetas da página anterior. Escreva o nome dos pacientes nas gavetas corretas.

LUÍS	BIANCA	FABIANA	JOÃO	PAULA	RICARDO

KAREN	DANIEL	GABRIEL	MARIA	HENRIQUE	YAN

c) Se você fosse paciente do doutor Gil, em que gaveta sua ficha estaria arquivada? Escreva a primeira letra de seu nome e seu nome na gaveta abaixo.

53

3 Copie as palavras em ordem alfabética. Depois, faça desenhos para representá-las nos espaços abaixo.

macaco   pato   cachorro   galinha

a) _____

b) _____

c) _____

d) _____

4 Copie as palavras do quadro em ordem alfabética.

óculos   crianças   pentes   dentes

_____

_____

_____

54

Letras B e P

1 Leia estas palavras com a ajuda do professor.

| panela | bola | pia | banana |
| boneca | pato | peteca | bicicleta |

a) Pinte as palavras de acordo com a legenda.

De 🖊, todas as palavras que começam com **B**.

De 🖊, todas as palavras que começam com **P**.

b) Agora, escreva o nome de cada figura. Preste atenção ao escrever as letras **B** e **P**.

ILUSTRAÇÕES: FREEPIK

55

2 Leia a quadrinha a seguir. Pinte os animais citados nela e contorne o nome de instrumentos musicais.

> Pulga toca flauta,
> Perereca, violão
> Piolho pequenino
> Também toca rabecão.
>
> Domínio público.

piolho

pulga

flauta

violão

perereca

rabecão

3 Ouça a leitura do trava-língua. Depois, repita-o rapidamente.

> Se o Pedro pintasse o Papa,
> Se o Pedro pintasse pão.
> Se o Pedro pintasse o Papa papando pão
> O Pedro pintaria um Papa papão.
>
> Domínio público.

Responda:

a) Que letra mais se repete no trava-língua?

_____

b) Quantas vezes a letra **p** aparece nas palavras **papa**, **papando** e **papão**?

☐ Uma vez.

☐ Duas vezes.

☐ Três vezes.

☐ Nenhuma vez.

4 Leia a cantiga a seguir.

> Boi, boi, boi,
> Boi da cara preta,
> Pega essa menina
> Que tem medo de careta.
>
> Domínio público.

a) Que palavra da cantiga começa com a letra **b**?

_____

b) Quais palavras da cantiga começam com a letra **p**?

_____

EU GOSTO DE APRENDER MAIS

Com a ajuda do professor, leia estas instruções para usar corretamente o fio ou a fita dental.

Usando corretamente o fio ou a fita dental

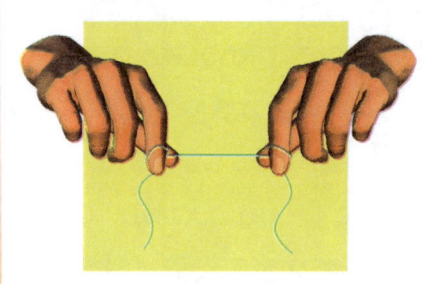

Corte um pedaço de fio ou fita dental, enrolando uma ponta em cada dedo.

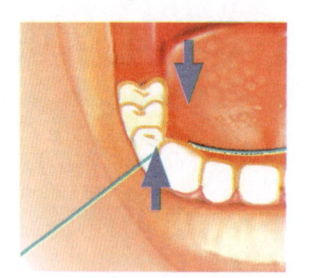

Estique bem o fio ou a fita dental e deslize-o suavemente entre os dentes e a gengiva, movimentando-o de cima para baixo.

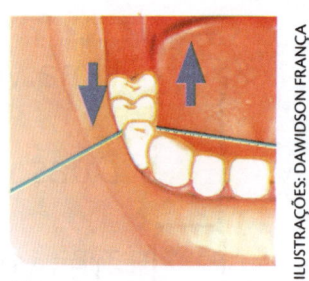

Repita esse movimento várias vezes em todos os espaços entre os dentes.

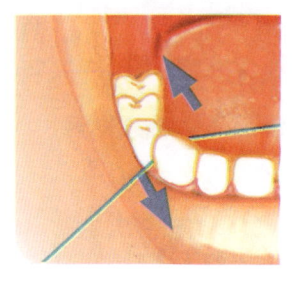

Puxe de um lado para o outro, delicadamente, até remover todos os restos de alimentos.

Samuel Ramos Lago. *Vivendo com saúde 4*: saúde bucal. Curitiba: Nossa Cultura, 2009. p. 11.

Por que tenho que escovar meus dentes?

Quando comemos, sempre sobra um restinho de comida entre os dentes. A comida que você come também é comida para as bactérias. As bactérias podem fazer buracos nos seus dentes se você não escová-los e limpá-los direitinho.

Amy Shields. *Meu primeiro grande livro dos porquês*. Trad. Mathias de Abreu Lima. Barueri: Girassol, 2011. p. 23.

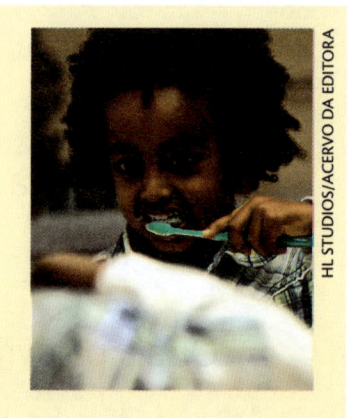

PRODUÇÃO DE TEXTO

Preparação

Leia este quadrinho.

[...]

[Quadrinho: — SABE, TURMINHA? NA MINHA ESCOLA TEM UM PROGRAMA QUE ENSINA OS CUIDADOS QUE DEVEMOS TER COM A NOSSA BOCA! — QUEM QUER IR? — EU! — EU TAMBÉM! — QUE LEGAL! VAMOS LÁ!]

©MAURICIO DE SOUSA PRODUÇÕES – BRASIL

[...]

Mauricio de Sousa. *Turma da Mônica e a saúde bucal*. Fonte: Secretaria de Estado da Saúde de São Paulo. Disponível em: https://crianca.mppr.mp.br/arquivos/File/publi/turma_da_monica/monica_saude_bucal.pdf. Acesso em: 30 jun. 2022.

Imagine que você e um colega também vão visitar a escola onde Franjinha estuda para aprender os cuidados que devemos ter com a boca.

Vocês vão contar o que aprenderam por meio de uma história em quadrinhos:

- Façam um quadrinho e desenhem os personagens (você e o colega).
- Escrevam um balão de fala, por exemplo: "NÓS TAMBÉM VAMOS!".
- Em outro quadrinho, mostrem que já estão na escola do Franjinha.
- Para começar a história, tomem como exemplo o seguinte texto: "Ao caminhar pelos corredores da escola do Franjinha, observamos um cartaz como este:".

PARA TER DENTES SAUDÁVEIS USE FIO OU FITA DENTAL.

DAVIDSON FRANÇA

59

Escrita

Como criar a história em quadrinhos?

- Primeiro, façam um rascunho, em uma folha avulsa, para ter ideia do espaço que a história vai ocupar.
- Vocês também podem recortar figuras de revistas e criar a história com elas.
- Façam os quadrinhos e desenhem os personagens.
- Em seguida, escrevam as falas e desenhem os balões.

Revisão e reescrita

Verifiquem se vocês:

- desenharam a história dentro de quadrinhos;
- organizaram os acontecimentos em sequência;
- usaram recursos gráficos adequados, como balões;
- escreveram o texto com letras maiúsculas, como são comuns nas histórias em quadrinhos;
- escreveram com uma linguagem parecida com a que usamos no dia a dia;
- criaram um final interessante.

Depois, troquem o rascunho da história com outra dupla. Leiam a história que vocês receberam.

Deem a opinião de vocês sobre o texto lido.

Ouçam com atenção o que os colegas da outra dupla têm a dizer sobre o texto de vocês.

Editem a história que vocês criaram, fazendo os ajustes que considerarem necessários.

Desenhem e pintem (ou colem) os personagens.

Publicação

Entreguem ao professor. Ele vai reunir as histórias para formar uma revista em quadrinhos.

AMPLIANDO O VOCABULÁRIO

bactérias

(bac-**té**-rias): é um dos menores seres vivos que conhecemos, composto de uma única célula.

parapeito

(pa-ra-**pei**-to)

1. Muro na altura do peito que serve de proteção contra quedas.
2. Peça de madeira ou de pedra que cobre a borda inferior da janela e serve de apoio a quem se debruça.

pingente

(pin-**gen**-te): pequeno enfeite que pode ser pendurado em um colar, pulseira, brinco.

LEIA MAIS

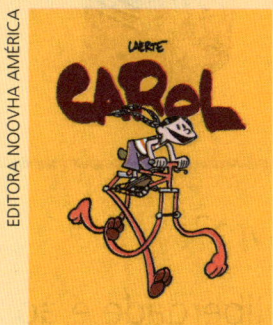

Carol

Laerte. São Paulo: Noovha América, 2010.

Nesse livro, há várias histórias em quadrinhos com a personagem Carol. As histórias tratam de muitos temas relacionados à infância.

ORGANIZANDO DESCOBERTAS

1 Ligue.

Cada linha de um poema. — estrofe

Palavras que terminam com som igual ou parecido. — verso

Conjunto de versos. — rima

2 Leia o poema.

O livro é o portão de acesso
À liberdade e ao saber.
Sem sequer cobra ingresso:
Basta abri-lo, entrar... E ler!

Antônio Augusto de Assis. Trovas lírico/filosóficas, 8. *Falando de Trova*, 2021. Disponível em: https://bit.ly/2UoscTB. Acesso em: 30 jul. 2022.

a) De acordo com o poema, o que é um livro?

b) O que é preciso fazer para ter acesso à liberdade e ao saber?

c) Ligue as rimas do poema.

| acesso | | ler |
| saber | | ingresso |

3 Ligue cada frase ao balão a que ela pertence.

"Mãe! Cadê meu tênis?!"

"Por favor, onde fica a farmácia?"

"Não posso esquecer de fazer a lição de casa!"

4 Pinte apenas o que está relacionado às histórias em quadrinhos.

Costumam ter desenhos e palavras.

Costumam ter rimas.

Cada parte da história aparece em um quadrinho.

A ordem dos quadrinhos não é importante.

Para entender a história, é preciso observar os quadrinhos em sequência.

As falas dos personagens são escritas em balões.

5 Escreva as letras do alfabeto nos quadrinhos a seguir.

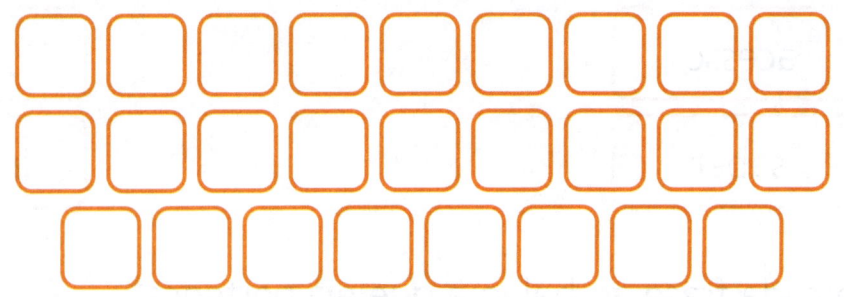

☐☐☐☐☐☐☐☐☐
☐☐☐☐☐☐☐☐☐
☐☐☐☐☐☐☐☐

6 Siga as dicas e descubra as palavras. Depois, copie-as nos quadrinhos.

Última letra do alfabeto
+
2ª vogal do alfabeto
+
2ª letra do alfabeto
+
18ª letra do alfabeto
+
1ª vogal do alfabeto

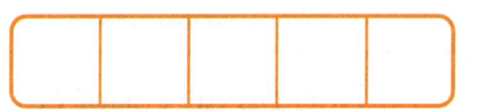

☐☐☐☐☐

3ª letra do alfabeto
+
1ª vogal do alfabeto
+
2ª letra do alfabeto
+
2ª vogal do alfabeto
+
12ª letra do alfabeto
+
4ª vogal do alfabeto

☐☐☐☐☐☐

7 Troque uma letra e forme uma nova palavra.

troque D por T	troque T por D
pode –	nata –
vendo –	moto –
durma –	quanto –

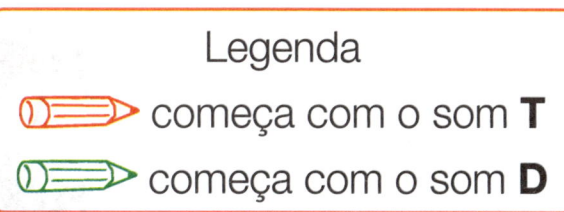

8 Fale o nome do que você vê em cada imagem em voz alta. Depois, contorne as imagens de acordo com o som inicial, usando as cores da legenda.

Legenda
✏️ começa com o som **T**
✏️ começa com o som **D**

9) Fale o nome de cada figura em voz alta. Depois, escreva as letras **D** ou **T** de acordo com o som inicial do nome de cada figura.

10) Complete o quadro.

	palavras com B	palavras com P
nomes de pessoa		
animais		
objetos		
alimentos		

11 Fale o nome de cada figura em voz alta. Depois, escreva as letras **P** ou **B** de acordo com o som inicial do nome de cada figura.

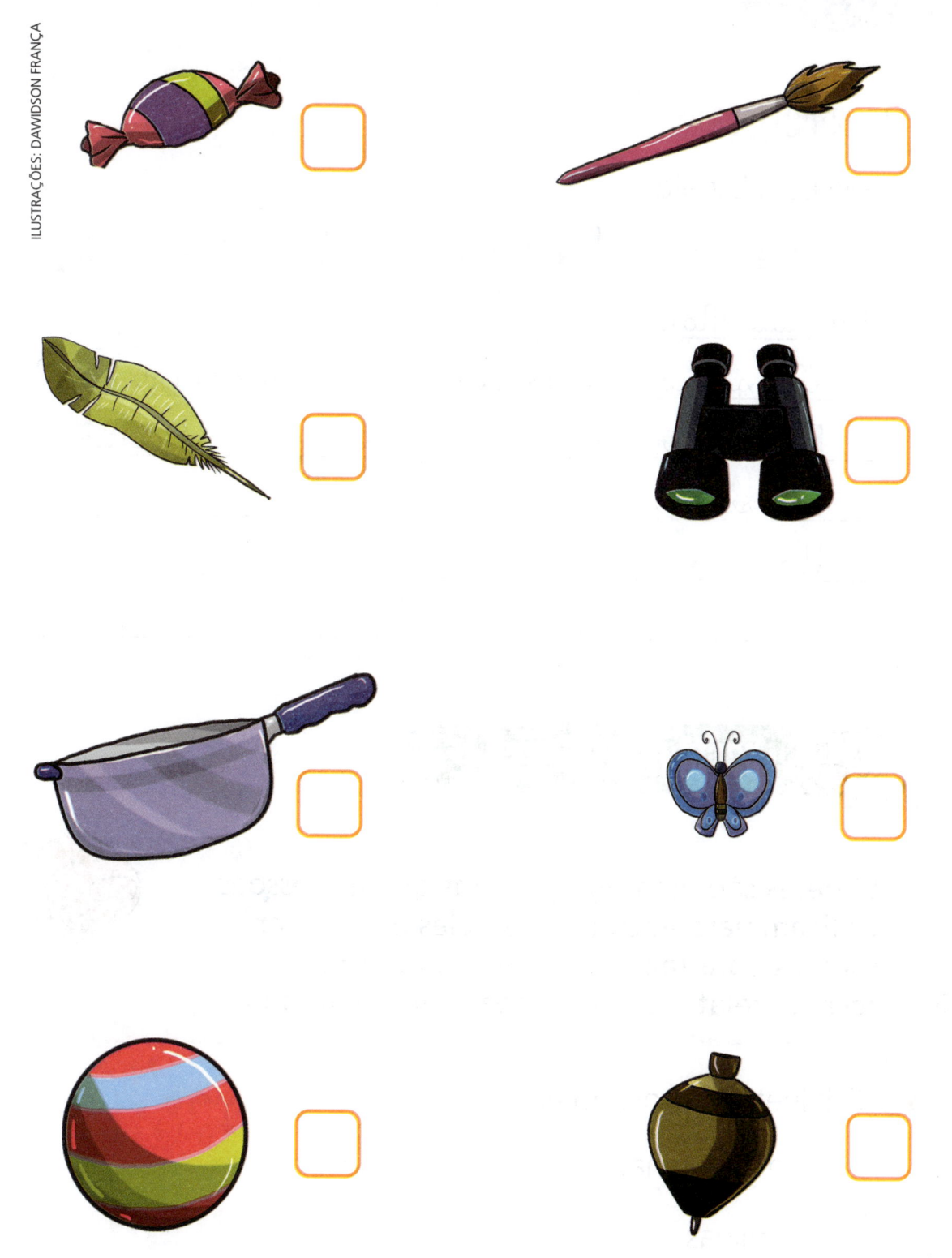

LIÇÃO 5

DE RENATA PARA MARINA

VAMOS COMEÇAR!

Leia este bilhete.

> Querida Marina,
> Você quer brincar comigo na pracinha perto de casa?
> Podemos ir amanhã à tarde, depois das aulas.
> Vai ser muito legal!
> Um beijo,
>   Renata

ESTUDO DO TEXTO

Bilhetes são mensagens curtas que as pessoas utilizam para se comunicar. Eles podem ser escritos para fazer um convite, dar um recado, relatar um fato, fazer um pedido etc.

1 O bilhete foi trocado entre:

☐ mãe e filha.

☐ amigas.

☐ pessoas desconhecidas.

2 Como você percebeu isso? Justifique sua resposta.

_____

_____

_____

> A pessoa que recebe o bilhete, ou seja, quem vai ler, é o **destinatário**.
> A pessoa que escreve o bilhete, ou seja, quem assina, é o **remetente**.

3 No bilhete que você leu, quem é:

a) a destinatária?

_____

b) a remetente?

_____

4 No início de um bilhete, pode haver uma saudação ou somente o nome do destinatário. Marque com um **X** as expressões que podem iniciar um bilhete.

☐ Querido amigo ☐ Olá, André

☐ Um beijo ☐ Caro diretor

☐ Oi, tudo bem? ☐ Atenciosamente

Destinatário, **mensagem**, **despedida** e **assinatura** são as partes de um bilhete.

destinatário — Querida Marina,

mensagem — Você quer brincar comigo na pracinha perto de casa? Podemos ir amanhã à tarde, depois das aulas. Vai ser muito legal!

despedida — Um beijo,

assinatura — Renata

5 Qual é a mensagem principal no bilhete trocado entre Renata e Marina?

☐ As brincadeiras que vão acontecer na pracinha.

☐ A combinação para o encontro das meninas.

☐ A alegria das meninas em se encontrarem.

A despedida utilizada no bilhete que você leu indica a amizade entre as meninas. Esse tipo de despedida costuma ser usado em bilhetes trocados por pessoas que têm mais proximidade.

6 Leia agora o bilhete que Marina escreveu como resposta:

> Renata,
> Claro que aceito seu convite!
> Podemos levar as bicicletas?
> Vai ser muito divertido!
> Um beijo grande,
> Marina

7 Marque com um **X** o caso em que podemos nos despedir com "Um beijo grande".

☐ Em um bilhete para o (a) diretor(a) da escola.

☐ Em uma mensagem para um vizinho que você conhece pouco.

☐ Em um bilhete para sua mãe ou sua avó.

8 Escreva palavras ou expressões que você usaria na despedida de um bilhete:

a) para um amigo. _____

b) para o (a) diretor(a) da sua escola. _____

ESTUDO DA LÍNGUA

Espaçamento entre as palavras

1 Quantas palavras formam o nome de cada brincadeira? Escreva nos quadrinhos o número que indica a quantidade de palavras.

Amarelinha ☐   Corre cotia ☐

Eu com as quatro ☐   Escravos de Jó ☐

2 Renata escreveu outro bilhete para Marina, utilizando o computador. Antes de imprimir o bilhete, ela percebeu que as palavras ficaram juntas.

> Mari,Voulevarminhabicicletaeabola.
> Nãovejoahoradechegaramanhã.Tchau!Rê.

a) Você conseguiu ler o bilhete? ☐ Sim. ☐ Não.

> Quando escrevemos, separamos as palavras por espaços em branco para saber onde começa e termina cada palavra.

b) Faça um traço com lápis de cor onde Renata deve dar espaço. Depois, reescreva a seguir o bilhete.

Letras cursivas

1 Acompanhe a leitura que o professor vai fazer do bilhete abaixo.

> Juju,
> A vó Joana quer falar com você.
> Ligue para ela quando chegar.
>
> Lucas

a) Quem escreveu o bilhete?

_____

b) Para quem o bilhete foi escrito?

_____

c) Para que o bilhete foi escrito?

_____

d) Encontre e contorne o nome da avó no bilhete. Depois, copie-o a seguir.

_____

O bilhete acima foi escrito em **letra cursiva**.

2 Copie o alfabeto maiúsculo em letra cursiva.

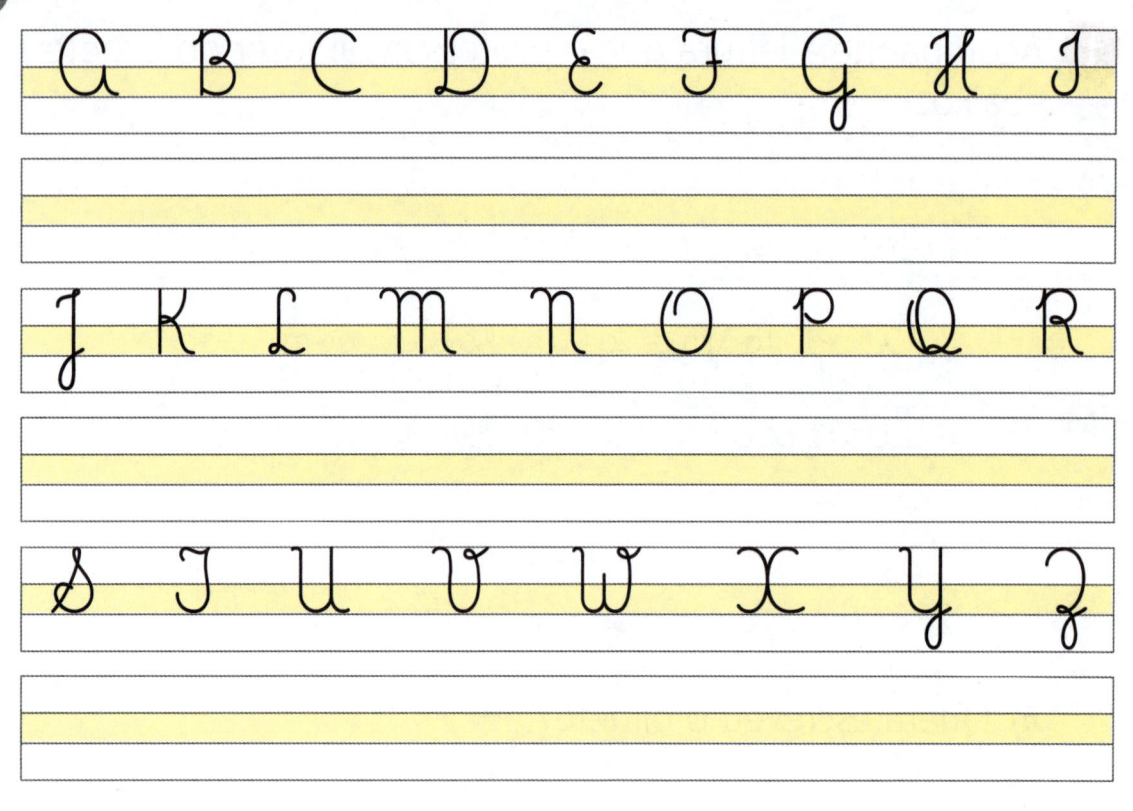

A B C D E F G H I

J K L M N O P Q R

S T U V W X Y Z

3 Copie o alfabeto minúsculo em letra cursiva.

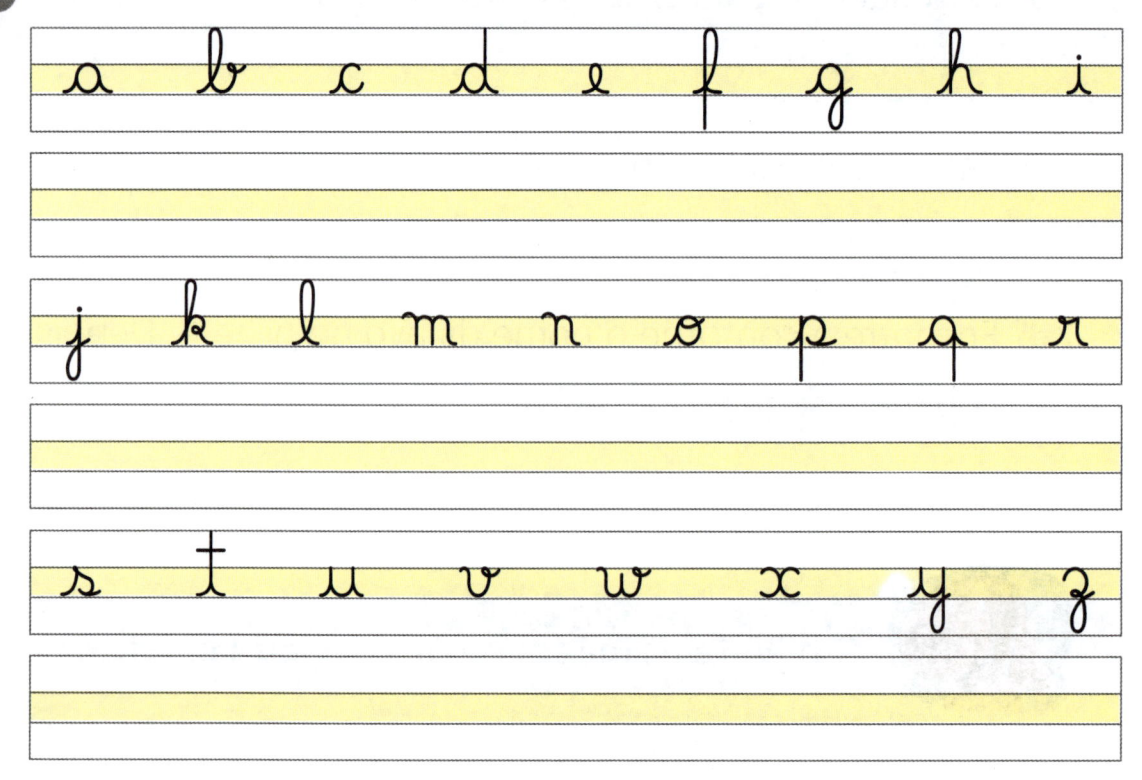

a b c d e f g h i

j k l m n o p q r

s t u v w x y z

4 Pinte as palavras escritas em letra cursiva.

querido	vovó	Joana
cartas	professora	lição
casa	parente	primos

5 Em cada quadro, contorne a mesma palavra escrita com tipos de letra diferentes.

carta	canta	carta
Joana	Joana	Jô e Ana
comida	corrida	COMIDA

6 No espaço a seguir, escreva um bilhete para um colega da turma usando letra cursiva.

_____
_____
_____
_____
_____

- Agora, passe o bilhete a limpo, em uma folha avulsa, e entregue-o ao destinatário.

75

UM TEXTO PUXA OUTRO

Acompanhe a leitura do poema a seguir, escrito por Manoel de Barros.

Sonata ao luar

Sombra Boa não tinha e-mail.
Escreveu um bilhete:
Maria me espera debaixo do ingazeiro
quando a lua tiver arta.
Amarrou o bilhete no pescoço do cachorro e atiçou:
Vai, Ramela, passa!
Ramela alcançou a cozinha num átimo.
Maria leu e sorriu. [...]

Manoel de Barros. *Poesia completa*. São Paulo: Leya, 2010. p. 434.

VANESSA ALEXANDRE

1 No texto, "Sombra Boa" é:

☐ uma sombra gostosa que protege do calor.

☐ a sombra de uma árvore.

☐ o apelido de uma pessoa.

2 O que "Sombra Boa" fez para se comunicar com Maria?

☐ Escreveu um *e-mail*.

☐ Enviou uma mensagem pelo celular.

☐ Escreveu uma carta.

☐ Escreveu um bilhete.

3 O que "Sombra Boa" escreveu? Copie a seguir.

_____

_____

4 A expressão "quando a lua tiver arta" quer dizer:

☐ quando o dia clarear.   ☐ ao entardecer.

☐ quando anoitecer.

5 Maria deve ir ao encontro e esperar embaixo:

☐ de uma laranjeira.   ☐ de um ingazeiro.

☐ de uma jaqueira.

6 Como o bilhete foi entregue para Maria?

_____

7 O que Maria fez quando recebeu o bilhete?

_____

8 Sombra Boa não assinou o bilhete. Como Maria soube quem havia escrito para ela?

PRODUÇÃO DE TEXTO

É sua vez de escrever um bilhete para alguém! Pode ser um familiar, um amigo, um colega da turma, um funcionário da escola ou outra pessoa conhecida.

Planejamento

O professor vai ler as perguntas listadas a seguir para ajudá-lo a planejar o texto do bilhete. Pense nas respostas.

- Para quem você quer escrever?

  _____

  _____

- O que você vai escrever?

  _____

  _____

- Que saudação você pode utilizar?

  _____

  _____

- Como será a despedida do texto?

  _____

  _____

- Você vai entregar o bilhete para essa pessoa em mãos? Ou vai usar outra estratégia?

  _____

  _____

Criação

Escreva seu bilhete em uma folha de papel avulsa. Use o espaço a seguir para fazer o rascunho.

Revisão

Com a ajuda do professor, revise seu bilhete.

- Seu bilhete começa com uma saudação?
- A mensagem tem começo, meio e fim?
- Você colocou data?
- Você assinou o bilhete?
- As palavras estão separadas por espaços em branco?

Versão final

Corrija o que for necessário em seu bilhete e passe-o a limpo em uma folha avulsa.

Publicação

Agora que seu bilhete ficou pronto, coloque-o em um local que possa ser visto pelo destinatário.

AMPLIANDO O VOCABULÁRIO

"arta"

(**ar**-ta): forma utilizada por falantes de algumas regiões do Brasil para expressar a palavra "alta".

átimo

(**á**-ti-mo): momento; instante.

e-mail

(e-**mail**): mensagem digital enviada por meio de dispositivos ligados em rede.

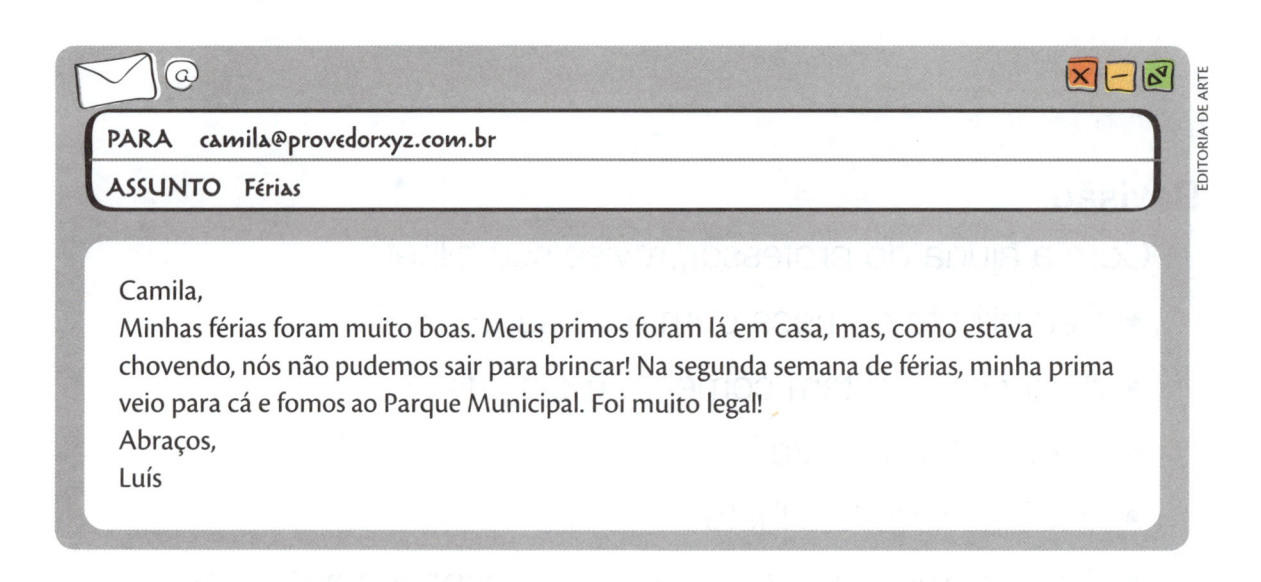

PARA camila@provedorxyz.com.br
ASSUNTO Férias

Camila,
Minhas férias foram muito boas. Meus primos foram lá em casa, mas, como estava chovendo, nós não pudemos sair para brincar! Na segunda semana de férias, minha prima veio para cá e fomos ao Parque Municipal. Foi muito legal!
Abraços,
Luís

ingazeiro

(in-ga-**zei**-ro): árvore que pode atingir 15 metros de altura, com flores de cor branca esverdeada, muito comum em regiões próximas a lagos e rios.

LEIA MAIS

O menino, o bilhete e o vento

Ana Cristina Melo. Rio de Janeiro: Bambolê, 2015.

Nesse livro, um menino recebe da avó a missão de entregar um bilhete ao seu Olavo. No caminho, o bilhete voa com o vento e torna-se personagem da aventura.

A menina que bordava bilhetes

Lenice Gomes. São Paulo: Cortez, 2008.

Nesse livro, a personagem Margarida é uma menina bordadeira que escreve bilhetes bordados para as pessoas do vilarejo.

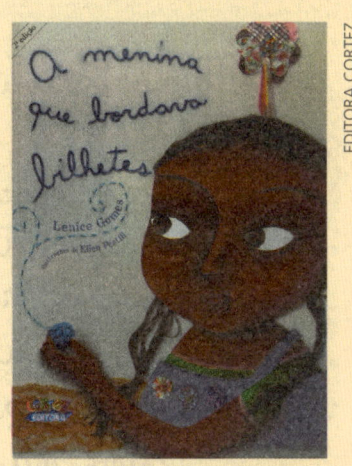

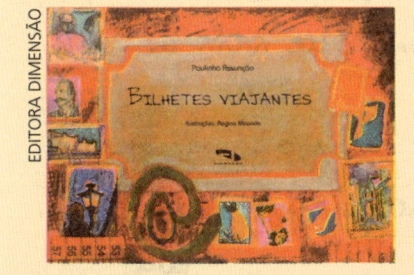

Bilhetes Viajantes

Paulinho Assunção. Belo Horizonte: Dimensão, 2012.

Esse livro apresenta mensagens de diferentes partes do mundo que foram levadas pelo vento, pelas correntezas de um rio, pelos correios, pela internet ou esquecidas na poltrona de um avião.

LIÇÃO 6

CARTA PARA A VOVÓ JOANA

VAMOS COMEÇAR!

Acompanhe a leitura do professor.

> Bodocó, 13 de março de 2022.
>
> Minha querida vovó Joana,
>
> Estou aprendendo sobre cartas nas aulas de Língua Portuguesa.
> Minha professora passou uma lição de casa que eu estou gostando muito de fazer, que é escrever uma carta para um parente.
> Estive na sua casa há dois meses e já estou morrendo de saudades da senhora.
> Foi muito bom passar minhas férias aí, brincar com meus primos, comer a deliciosa comida que a senhora faz. No ano que vem a gente se vê de novo, tá?
>
> Um grande beijo,
>
> Juju

Texto escrito por Juliana A. Silva, de 7 anos, e cedido para publicação neste material.

82

ESTUDO DO TEXTO

1 Responda:

a) Quem escreveu a carta?

_____

b) Para quem a carta foi escrita?

_____

> A pessoa que recebe a carta, ou seja, quem vai ler, é o **destinatário**.
> A pessoa que escreve a carta, ou seja, quem assina, é o **remetente**.

c) Ligue.

Juju	destinatário
Joana	remetente

2 Releia o início da carta.

Bodocó, 13 de março de 2022.

- Que informações são essas? Contorne-as de acordo com a legenda:

  ✏️ (azul) cidade onde a carta foi escrita.

  ✏️ (laranja) dia, mês e ano em que a carta foi escrita.

83

A **carta pessoal** é uma forma de comunicação escrita entre pessoas que têm proximidade, como amigos e familiares. Ela costuma ter local e data, saudação, assunto, despedida e assinatura.
Observe as partes da carta:

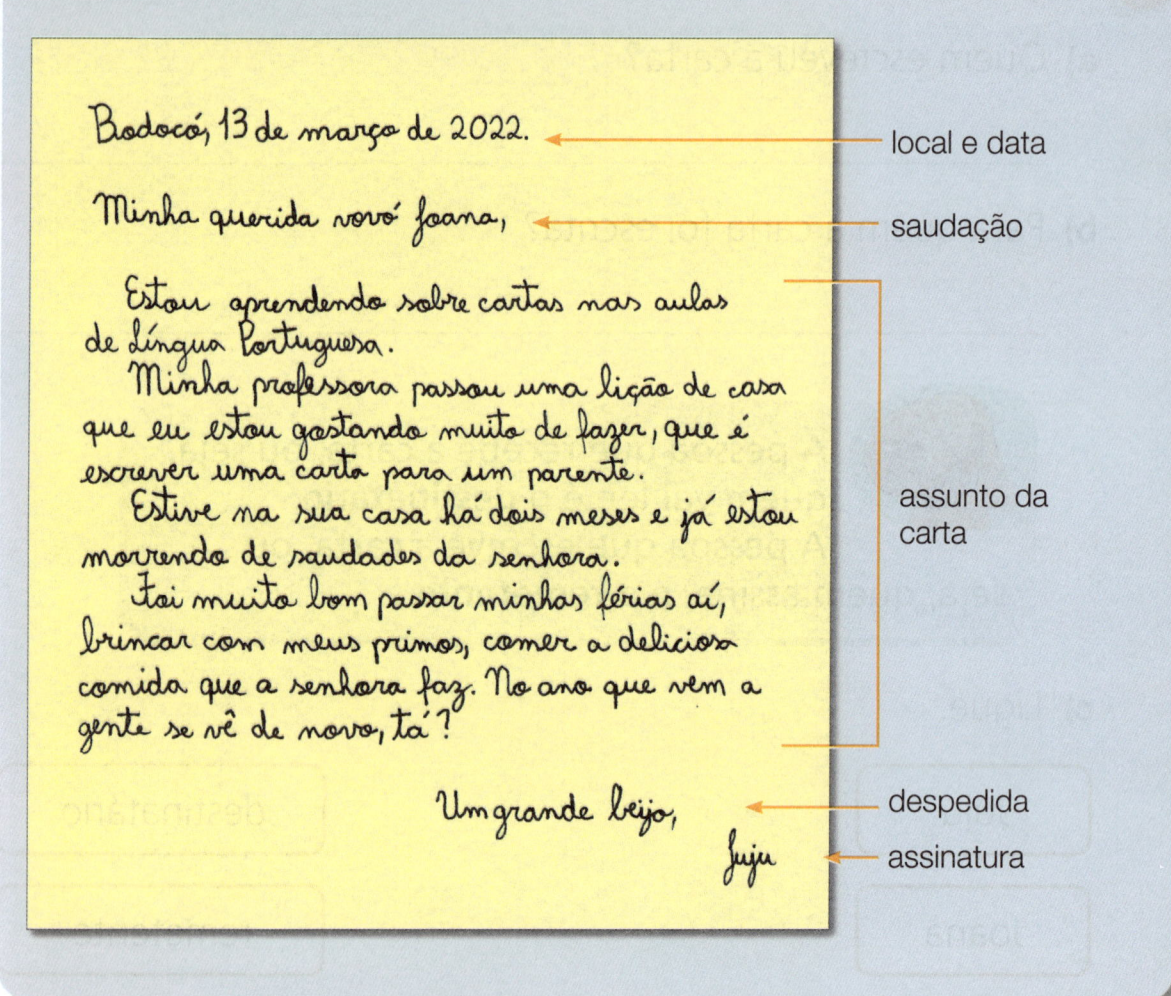

> Bodocó, 13 de março de 2022. ← local e data
>
> Minha querida vovó Joana, ← saudação
>
> Estou aprendendo sobre cartas nas aulas de Língua Portuguesa.
> Minha professora passou uma lição de casa que eu estou gostando muito de fazer, que é escrever uma carta para um parente.
> Estive na sua casa há dois meses e já estou morrendo de saudades da senhora.
> Foi muito bom passar minhas férias aí, brincar com meus primos, comer a deliciosa comida que a senhora faz. No ano que vem a gente se vê de novo, tá? ← assunto da carta
>
> Um grande beijo, ← despedida
> Juju ← assinatura

3 Responda:

a) Qual é a saudação da carta?

_____

b) Como é a despedida?

_____

4 Responda oralmente:

a) O que Juju contou à avó sobre a escola?

b) Quando Juju visitou a avó?

c) O que Juju gostou de fazer na casa da avó?

d) Quando Juju visitará a avó novamente?

5 Releia esta parte da carta.

> *Estive na sua casa há dois meses e já estou morrendo de saudades da senhora.*

Marque um **X** na informação correta:

☐ Juju está com muita saudade da avó.

☐ Juju não está com saudade da vovó porque esteve na casa dela há dois meses.

6 Releia outra parte da carta:

> *No ano que vem a gente se vê de novo, tá?*

• A linguagem usada na carta:

☐ é mais parecida com a que falamos.

☐ é mais parecida com a que escrevemos.

7 Que forma de tratamento Juju utiliza para se referir à avó?

___

8 Como você costuma tratar as pessoas mais velhas? Conte aos colegas.

ESTUDO DA LÍNGUA

Sílabas

1 Leia em voz alta.

vo   vó

A palavra **vovó** tem duas sílabas: vo-vó.
Em uma palavra, cada unidade de uma ou mais letras pronunciadas de uma só vez chama-se **sílaba**.

2 Leia as palavras em voz alta e pausadamente, com a ajuda do professor. Depois, escreva cada sílaba em um quadrinho.

brincar

saudades

deliciosa

querida

Observe as sílabas e responda:

a) Há vogal em todas as sílabas? _____

b) Em que palavra há uma sílaba com uma única letra?
_____

c) Em alguma palavra há sílaba com mais de três letras?
_____

3 Continue lendo as palavras em voz alta e pausadamente, com a ajuda do professor. Dessa vez, escreva nos quadrinhos quantas sílabas cada palavra tem.

Bodocó ☐   lição ☐   aprendendo ☐

professora ☐   parente ☐   carta ☐

faz ☐   eu ☐   senhora ☐

> As palavras podem ter **uma**, **duas**, **três**, **quatro** ou mais sílabas. Em todas as sílabas há, no mínimo, uma vogal.

4 Escreva palavras com:

1 sílaba – _____

2 sílabas – _____

3 sílabas – _____

4 ou mais sílabas – _____

5 Complete a cruzadinha silábica a seguir com o nome destes personagens dos contos de fadas.

Porquinhos   Cachinhos   Branca de Neve

ILUSTRAÇÕES: DAWIDSON FRANÇA

87

Letras F e V

1 Juju mora em Bodocó. Complete com F ou V para descobrir o nome de outros municípios do estado de Pernambuco:

__V__enturosa   Arco __V__erde

Prima__v__era   __V__icência

__V__eira No__v__a   Gra__v__atá

__F__lores   Reci__f__e

• Você usou letra inicial maiúscula nos nomes dos municípios?

_____

2 A avó de Juju preparou **bolo de fubá**, **doce de figo** e **farofa de ovo** e **bife vegetariano**. Escreva o nome dos alimentos abaixo das fotos.

88

3 Complete as palavras com (f) ou (v). Depois, copie-as.

___arinha – _____   ___oto – _____

___aca – _____   ___aqueiro – _____

- Compare suas respostas com as de um colega. Vocês escreveram as mesmas palavras?

4 Contorne as palavras escritas com (f) e (v) nos títulos desses contos de fadas.

O Patinho Feio

Branca de Neve e os sete anões

A Bela e a Fera

Chapeuzinho Vermelho

João e o pé de feijão

A roupa nova do rei

5 Organize as palavras que você contornou, de acordo com as letras indicadas.

F	V

6 Pesquise em jornais e revistas palavras que começam com (f) e com (v). Escreva nos quadros.

F	V

Acento agudo e acento circunflexo

1 Leia em voz alta estas palavras citadas na carta de Juju.

| Bodocó | vovó | férias | vê | já |

- Pinte os sinais que aparecem em algumas vogais.

> Os sinais que você pintou são chamados de **acentos**. Eles nos ajudam a pronunciar corretamente as palavras.

2 Leia em voz alta estas palavras com acento agudo.

bisavó   árvore   boné   café   céu
automóvel   chapéu   açúcar   dicionário   estátua
pétala   público   remédio   relógio   óculos

- Pesquise e escreva outras palavras com acento agudo.

> Os sinais que você pintou são chamados de **acentos**. Eles nos ajudam a pronunciar corretamente as palavras. Este é o **acento agudo**: ´ .
> Este é o **acento circunflexo**: ^ . Todas as vogais podem receber acento agudo. Ele representa que as vogais **e** e **o** devem ser pronunciadas com som aberto.

3 Leia em voz alta estas palavras com acento circunflexo.

> alô   ambulância   avô   bebê   bisavô
> trânsito   pêssego   chinês   lâmpada   triângulo
> ônibus   tênis   inglês   gêmeo   ciência

• Pesquise e escreva outras palavras com acento circunflexo.

Apenas as vogais **a**, **e** e **o** podem receber acento circunflexo. O acento circunflexo representa que as vogais **a**, **e** e **o** devem ser pronunciadas com som fechado. Sempre que uma sílaba é acentuada, ela é pronunciada com mais intensidade.

4 Leia as palavras e coloque o acento que está faltando.

sofa	lapis	estomago	armario
regua	tunel	organico	avo
magico	pantano	açai	bau
jacare	buque	domino	
cafe	relampago	album	

_____
_____
_____
_____

UM TEXTO PUXA OUTRO

Leia o *e-mail* que Juju recebeu da avó Joana.

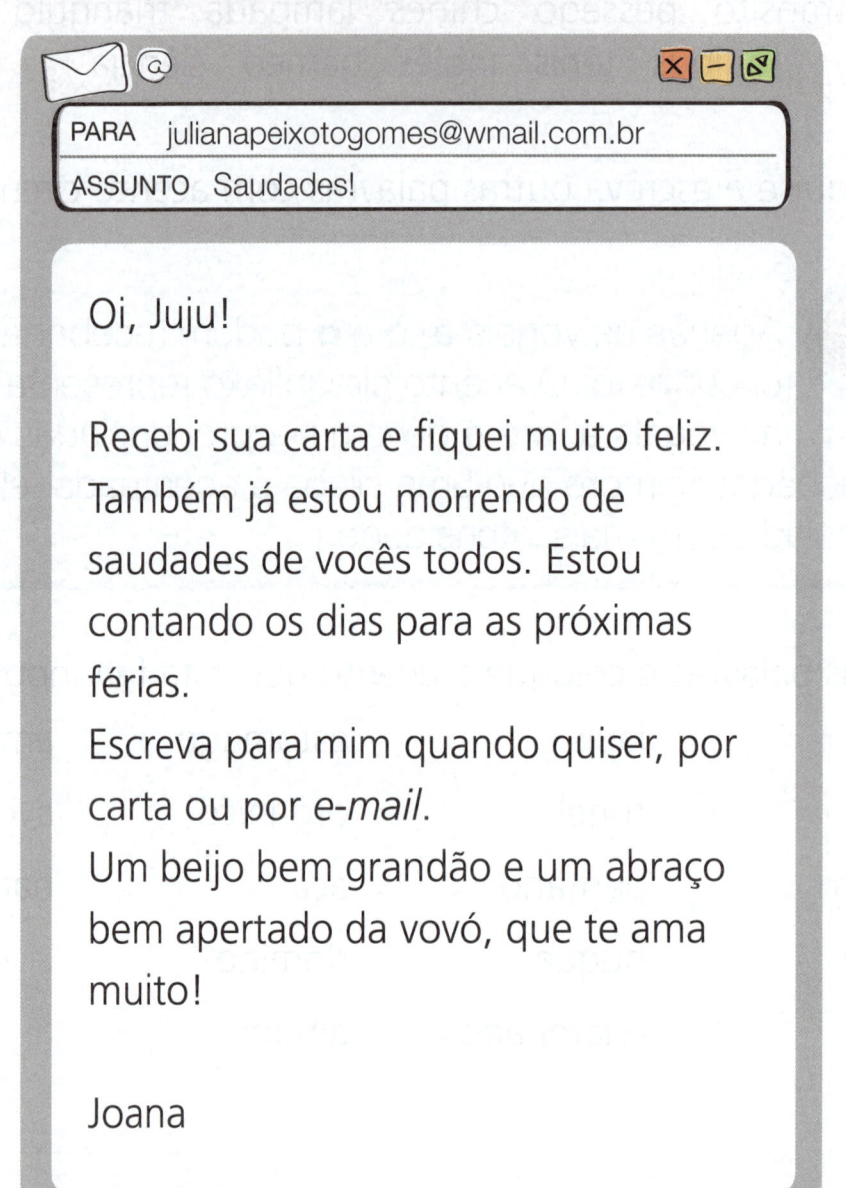

PARA julianapeixotogomes@wmail.com.br
ASSUNTO Saudades!

Oi, Juju!

Recebi sua carta e fiquei muito feliz. Também já estou morrendo de saudades de vocês todos. Estou contando os dias para as próximas férias.
Escreva para mim quando quiser, por carta ou por *e-mail*.
Um beijo bem grandão e um abraço bem apertado da vovó, que te ama muito!

Joana

As pessoas que têm acesso à internet e querem se comunicar com outras pessoas de qualquer lugar do mundo podem utilizar, entre outras formas, o *e-mail* e as mensagens instantâneas pelo computador ou telefone celular.

Juju respondeu ao bilhete do Lucas usando um aplicativo instalado no celular. Veja:

> Oiiiii!
>
> oi.
>
> Li seu bilhete. A vovó disse o que queria?
>
> Não. Ela só falou que não era urgente.
>
> Tá! Bjs.
>
> BJ

FIVE FLOWERS FOR FAMILY FIRST/PIXABAY

1 Converse com os colegas e com o professor.

a) Você tem acesso à internet? Onde?

b) As pessoas da sua família se comunicam por *e-mails* ou mensagens pelo celular?

c) É possível se comunicar com todos da família dessa forma?

d) Você prefere se comunicar por *e-mail* ou por mensagens instantâneas? Por quê? Que outras formas você usa para se comunicar?

2 Com a ajuda do professor, acesse uma revista ou um jornal destinado ao público infantil. Escreva com eles um *e-mail* para a redação, com uma opinião ou crítica sobre uma matéria que vocês leram.

PRODUÇÃO DE TEXTO

Preparação

Escreva uma carta para um colega de classe, um estudante de outra turma ou um funcionário da escola.

Planejamento

Antes de escrever a carta, responda:

- Quem será o destinatário?

  _____

- Que forma de tratamento você vai utilizar para se referir a essa pessoa: **você**, **senhor**, **senhora**?

  _____

  _____

- Que saudação você vai utilizar?

  _____

  _____

- Qual será o assunto da carta?

  _____

  _____

- Como será a despedida?

  _____

  _____

  _____

Criação

Escreva a primeira versão da carta no espaço a seguir. Use letra cursiva.

Revisão e reescrita

Leia sua carta. Você escreveu os nomes de pessoa com letra inicial maiúscula? Sua carta tem local e data, saudação, assunto, despedida e assinatura?

Mostre a carta ao professor. Ele poderá ajudá-lo a melhorar o texto.

Depois, faça as correções e escreva a versão final da carta em uma folha de papel comum ou de papel de carta.

O professor vai organizar uma caixa de correspondências na escola para que os destinatários retirem suas cartas.

AMPLIANDO O VOCABULÁRIO

despedida

(des-pe-**di**-da):

1. ação de despedir alguém, tirando-o do emprego.

2. ação de despedir-se de alguém que vai embora.

destinatário

(des-ti-na-**tá**-rio): pessoa para quem se envia algo, ou seja, para quem algo se destina. Pode ser uma carta, um *e-mail*, uma encomenda e outras coisas.

Para
Sr. e Sra. Urso
e Ursinho

selo

Na frente do envelope, escrevemos os dados do destinatário.

remetente

(re-me-**ten**-te): pessoa que envia algo a alguém.

Remetente:
Endereço:

No verso do envelope, escrevemos os dados do remetente.

saudação

(sau-**da**-ção): gestos ou palavras de cumprimento.

LEIA MAIS

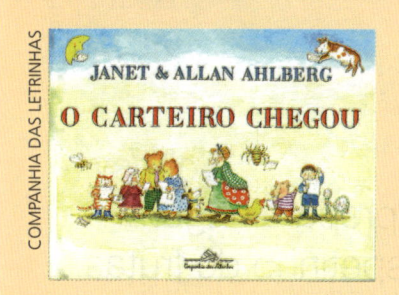

O carteiro chegou

Janet & Allan Ahlberg. São Paulo: Companhia das Letrinhas, 2007.

Nesse livro, há cartas, postais, livrinhos e convites trocados entre personagens de contos de fadas.

A carta de Hugo

Tom Percival. São Paulo: Moderna, 2013.

Nesse livro, o urso Hugo decidiu entregar uma carta muito especial para o amigo Tony, que se mudou para bem longe.

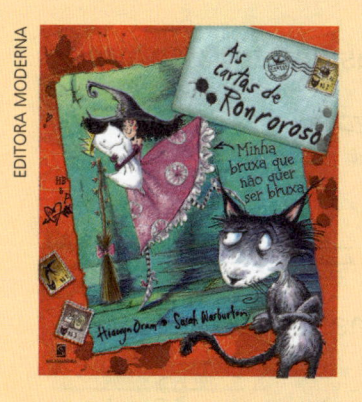

As cartas de Ronroroso

Hiawyn Oram. Tradução de Áurea Akemi Arata. São Paulo: Moderna, 2008.

Nesse livro, Ronroroso é o gato da bruxa que não quer ser bruxa. Ele escreve várias cartas pedindo ajuda para resolver esse problema.

LIÇÃO 7

FRUTAS NO PALITO

VAMOS COMEÇAR!

Você já cozinhou ou ajudou um adulto a preparar algum prato? O texto a seguir ensina a fazer um espetinho de frutas. Leia-o prestando atenção às orientações. Será que você saberia preparar essa delícia?

Frutas no palito

Ingredientes

- 1 manga
- 6 morangos
- 6 uvas tipo rubi
- 6 uvas tipo Itália
- ½ melão

Você vai precisar da ajuda de um adulto para descascar, picar, fazer bolinhas com as frutas e colocá-las no espetinho.

Utensílios

Faca sem ponta, boleador, placa de polipropileno e espetinhos de madeira para churrasco.

Como fazer

1. Lave a manga, o melão, os morangos e as uvas em água corrente.

2. Sobre a placa de polipropileno, descasque a manga e corte-a em cubinhos.

ILUSTRAÇÕES: ULHOA CINTRA

98

3. Abra o melão, retire as sementes e faça bolinhas com o boleador.

4. Monte cada espetinho seguindo a ordem: 1 uva Itália, 1 cubinho de manga, 1 morango, 1 bolinha de melão e 1 uva rubi.

5. Faça outros 5 espetinhos com os ingredientes. Você pode variar a ordem das frutas para ficar diferente.

6. Sirva o espetinho de frutas com um dip de iogurte, que é uma mistura de iogurte natural com mel.

7. Experimente passar o espetinho na granola. Também fica muito gostoso!

ILUSTRAÇÕES: ULHÔA CINTRA

Dica:

Se você não tiver boleador, pode cortar o melão em triângulos ou quadradinhos. Você também pode usar certas frutas que dão aparência especial aos espetinhos, como o kiwi e o abacaxi pela cor, a acerola e a pitanga pelo sabor e a carambola pelo formato de estrela.

Dona Benta para crianças: lanches para toda hora, com a turma do Sítio do Picapau Amarelo. São Paulo: Companhia Editora Nacional, 2007.

ESTUDO DO TEXTO

1 Assinale a resposta certa. O texto "Frutas no palito" tem o objetivo de:

☐ Mostrar quais são as frutas mais saudáveis.

☐ Ensinar a preparar um alimento.

☐ Dar ao leitor motivos para se alimentar bem.

2 Os textos que têm esse objetivo são chamados **receitas**.

a) Quantas partes tem a receita que você leu?

_____

b) Qual é o nome de cada parte?

_____

3 Em que parte aparece o nome dos alimentos que vão ser usados?

_____

4 Que parte tem a lista dos objetos que serão utilizados?

_____

5 O que a terceira parte da receita explica?

_____

6 Releia.

> - 1 manga
> - 6 morangos
> - 6 uvas tipo rubi
> - 6 uvas tipo Itália
> - ½ melão

a) Para que servem os números colocados antes do nome de cada fruta?

_____

_____

b) A receita manda usar **½ melão**.

Então, o cozinheiro vai precisar de:

☐ meio melão

☐ um melão

☐ um melão e meio

7 No início da receita, há uma orientação que começa com a palavra **você**:

> Você vai precisar da ajuda de um adulto para descascar, picar, fazer bolinhas com as frutas e colocá-las no espetinho.

a) A quem se refere a palavra **você**?

_____

_____

b) Essa receita é própria para ser preparada por crianças ou por adultos?

_____

c) O que você observou no texto para responder ao item **b**? Converse com os colegas e o professor.

d) A receita diz que um adulto precisa ajudar. Por quê?

_____

_____

8 Releia esta parte da receita.

Como fazer

1. Lave a manga, o melão, os morangos e as uvas em água corrente.
2. Sobre a placa de polipropileno, descasque a manga e corte-a em cubinhos.
3. Abra o melão, retire as sementes e faça bolinhas com o boleador.
4. Monte cada espetinho seguindo a ordem: 1 uva Itália, 1 cubinho de manga, 1 morango, 1 bolinha de melão e 1 uva rubi.
5. Faça outros 5 espetinhos com os ingredientes. Você pode variar a ordem das frutas para ficar diferente.
6. Sirva o espetinho de frutas com um dip de iogurte, que é uma mistura de iogurte natural com mel.
7. Experimente passar o espetinho na granola. Também fica muito gostoso!

a) Existe alguma ordem para escrever os itens do modo de fazer?

_____

b) Para que servem os números no início de cada frase?

_____

_____

c) Palavras como **lave** e **descasque** indicam ações necessárias para preparar a receita. Copie do trecho citado na página anterior as outras palavras que indicam ação.

_____

_____

d) Escreva o número do item que:

- explica como a manga deve ser cortada. _____

- faz uma sugestão para o espetinho ficar mais gostoso. _____

- ensina como o espetinho de frutas pode ser servido. _____

- explica a ordem em que as frutas devem ser colocadas no espetinho. _____

- orienta como lavar as frutas. _____

- indica que podem ser feitos espetinhos diferentes, variando a ordem das frutas. _____

103

UM TEXTO PUXA OUTRO

Leia o título do texto a seguir. Que palavras você imagina encontrar em um texto com esse título?
Faça a leitura do texto em voz alta.

O caldeirão da bruxa

Gato
sapo
rato
e cordão de sapato –
tudo na mesma panela.

Pó de café
botão de boné
e unha de dedão de pé.
Mexe com fé
e joga tempero nela.
Joga tempero nela!
Joga tempero nela!

Comida de bruxa
é um luxo!

Para o bruxo...

LEMOS, Gláucia. *O cão azul e outros poemas*. Belo Horizonte: Formato, 1999. p. 27.

1) Responda às questões a seguir.

   a) Quem está cozinhando?
   _____

   b) Quem vai comer essa comida?
   _____

   c) Quantas panelas são necessárias para cozinhar essa receita?
   _____

   d) Quais são os ingredientes da receita da bruxa?
   _____
   _____

   e) Como é o modo de preparo?
   _____
   _____

2) Copie do poema as palavras que rimam com:

   gato – _____
   café – _____
   panela – _____
   luxo – _____

3) Leia o poema para um de seus familiares que costumam preparar as refeições.

ESTUDO DA LÍNGUA

Letras M e N

O som nasal é marcado pelas letras **m** e **n** em palavras escritas com **am, em, im, om, um; an, en, in, on** e **un**.

ATIVIDADES

1 Leia estas palavras e contorne aquelas que têm a letra **M**.

pomba   trombada   conselho
      limpo   gambá
conselho   campeão   gente
      engano   chimpanzé

Quais letras aparecem depois do **M** nas palavras acima?

_____

Antes das consoantes **P** e **B** usamos a letra **M**.

2 Leia e copie as palavras. Depois, separe as sílabas.

tambor _____ _____

lâmpada _____ _____

limpeza _____ _____

tempo _____ _____

3 Ordene as sílabas e forme palavras.

bo-tom _____ ba-bom _____

ba-trom _____ pa-tam _____

bo-chum _____ mem-ho _____

go-pre-em _____ ba-sam _____

4 Complete as palavras com M ou N.

gra___po   ca___ponesa   ja___bo   pe___te

co___te___te   xa___pu   be___gala   me___tira

po___ba   u___bu   e___che___te   se___tido

5 Leia as dicas e complete os quadrinhos com palavras escritas com as letras M ou N.

a) É um animal que tem uma tromba grande.

b) É um instrumento musical percutido com as mãos.

c) É o animal símbolo da paz.

d) É usada para iluminar durante a noite.

e) É utilizada para fechar garrafas.

a) ☐ ☐ ☐ ☐ ☐ N ☐ ☐

b) ☐ ☐ N ☐ ☐ ☐ ☐ ☐

c) ☐ ☐ M ☐ ☐

d) ☐ ☐ M ☐ ☐ ☐ ☐

e) ☐ ☐ M ☐ ☐

107

Til (~)

Releia este trecho da receita "Frutas no palito".

> Se você **não** tiver boleador, pode cortar o **melão** em triângulos ou quadradinhos.

> As palavras **não** e **melão** têm um sinal em cima da vogal **a**. Esse sinal se chama **til (~)** e também aparece em cima da vogal **o**, como em **melões**. O **til (~)** é usado para indicar som anasalado da vogal.

ATIVIDADES

1 Leia o nome de cada figura.

pião	pão	cão	limão
caminhão	avião	leão	rã

FOTOS: SHUTTERSTOCK/FREEPIK

- O que as palavras têm em comum?

108

2 Leia estas palavras.

pão	mamães	pião
irmão	portões	feijão
maçã	anões	balão
leões	macarrão	botões
avião	caminhão	sabão
capitães	limão	corações

3 Coloque **til** (~) nas palavras e separe as sílabas. Depois, escreva quantas sílabas tem a palavra. Veja o exemplo.

mamãe   ma-mãe   duas sílabas

macarrao _____ _____

nao   _____ _____

grao   _____ _____

caes   _____ _____

limoes   _____ _____

4 Ordene as sílabas e forme palavras empregando o **til** (~).

çao-li _____   tao-bo _____

tao-por _____   gao-ór _____

bao-sa _____   rur-ci-gi-ao _____

gao-fo _____   lao-me _____

go-dao-al _____   maos-ir _____

lao-pi _____   çao-o-ra _____

le-vi-sao-te _____   ci-dao-da _____

109

PRODUÇÃO DE TEXTO

Preparação

Relembre como se organiza uma receita culinária. Ela deve indicar o nome do alimento a ser preparado, a lista de ingredientes e o modo de preparo. Também pode conter uma lista dos utensílios, rendimentos e dicas.

Mingau de chocolate

Ingredientes

2 colheres (de sopa) de achocolatado em pó

2 xícaras (de chá) de leite frio

2 colheres (de sopa) de amido de milho

Modo de preparo

Dissolver o amido de milho com 1 xícara de leite.

Juntar aos outros ingredientes e levar ao fogo.

Mexer até engrossar.

Servir quente.

Texto das autoras.

Planejamento e escrita

Agora é sua vez de escrever uma receita para a montagem de um livro de receitas.

- Faça uma pesquisa em casa e escolha um prato de que você goste.

- Converse com as pessoas de sua família para saber todos os ingredientes e as etapas de preparo.

- Escreva a receita em uma folha à parte.

Revisão e reescrita

Peça a um colega que leia sua receita e dê uma opinião sobre ela. Se necessário, faça correções.

Verifique também se você:

- dividiu o texto em duas partes;
- anotou a quantidade de cada ingrediente;
- numerou e escreveu as etapas de preparo em sequência;
- iniciou as frases com letra maiúscula;
- pontuou as frases corretamente.

Edite a receita em uma folha avulsa, fazendo as correções necessárias.

- Desenhe ou cole uma foto do alimento pronto.

Publicação

- Entregue o texto ao professor. Ele vai montar um livro de receitas. Ajude na escolha do título e na confecção da capa.
- Organize, com o professor, um cronograma para que todos possam levar o livro para casa.
- Quando você estiver com o livro, convide seus familiares para preparar uma das receitas com você. Os colegas da turma vão adorar se você trouxer o prato para eles saborearem!

AMPLIANDO O VOCABULÁRIO

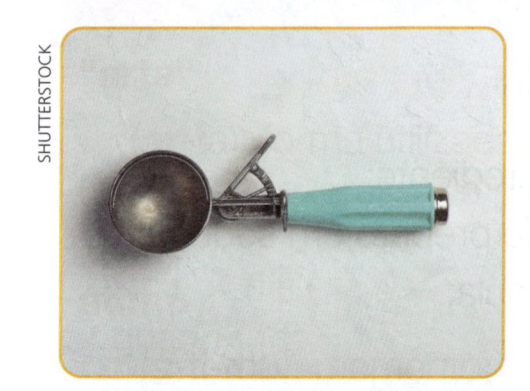

boleador

(bo-le-a-**dor**): instrumento usado para dar forma circular.

granola

(gra-**no**-la): mistura de flocos de aveia com outros ingredientes, como passas, nozes, coco, geralmente ingerida com leite ou iogurte.

polipropileno

(po-li-pro-pi-**le**-no): plástico.

utensílio

(u-ten-**sí**-lio): vasilhas e outros objetos usados na cozinha.

112

LEIA MAIS

Almanaque pé de planta

Rosane Pamplona. São Paulo: Moderna, 2013.

Nesse almanaque, há várias dicas, contos, anedotas, adivinhas, receitas sobre algumas plantas encontradas no Brasil, como o milho, o café, a banana, a mandioca e o guaraná.

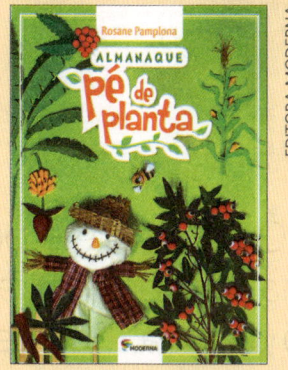

Dona Benta para crianças – com a turma do Sítio do Picapau Amarelo

São Paulo: Globo/Companhia Editora Nacional, 2012.

Quando a turma do Sítio do Picapau Amarelo resolve experimentar algumas receitas do Dona Benta Comer Bem, um famoso livro de receitas com mais de 60 anos de tradição, o resultado é esse: uma seleção de 30 receitas deliciosas, divertidas e fáceis de preparar, que o leitor também pode fazer em casa.

Viagem culinária pelo mundo – com a turma do Sítio do Picapau Amarelo

São Paulo: Globo e Companhia Editora Nacional, 2006.

A turma do Sítio do Picapau Amarelo ficou curiosa para conhecer a culinária de outros países e resolveu viajar pelo mundo. Voltou com 32 receitas saborosas na bagagem.

113

LIÇÃO 8 — ANIVERSÁRIO

VAMOS COMEÇAR!

O texto que o professor vai ler diz respeito às lembranças de uma pessoa adulta sobre os aniversários na época em que ela era criança. Escute com atenção.

Aniversário

[...]

Lá em casa, nós éramos muitas crianças, e nossa mãe não gostava de dar festa. Mas os nossos aniversários eram uma beleza.

Mamãe deixava que, no aniversário, cada criança fizesse o programa a seu gosto, para o dia inteiro. Então, a gente escolhia, por exemplo, de manhã sair para passear a cavalo, ou ir tirar retrato no lambe-lambe. Depois, podia ser um piquenique, debaixo de árvores, levando galinha cheia, sorvete e bolo. E também podia ser almoço num restaurante da cidade. De tarde, se tinha circo, ia-se ao circo. Se não tinha, cinema. E de noite se fazia fogueira, como em dia de São João, com todas as brincadeiras que o aniversariante quisesse. Um dos meninos, no aniversário dele, em vez de fogueira exigiu uma serenata, com violão, cavaquinho e cantoria. Era noite de lua, os irmãos mais velhos tocaram e cantaram. Foi este o aniversário mais lindo que a gente pode lembrar.

Rachel de Queiroz. *Memórias de menina*. Rio de Janeiro: José Olympio, 2009. p. 15-16.

ESTUDO DO TEXTO

1 Marque **X** nas respostas corretas.

a) A autora relata acontecimentos:

☐ de sua infância. ☐ de sua vida adulta.

☐ de sua adolescência.

b) Os acontecimentos relatados estão relacionados às lembranças de:

☐ um lugar preferido. ☐ um familiar estimado.

☐ um objeto de afeto.

☐ acontecimentos importantes da vida.

c) Qual destas frases mostra que a autora do relato tem boas lembranças dos aniversários?

☐ "Lá em casa, nós éramos muitas crianças [...]"

☐ "[...] e nossa mãe não gostava de dar festa."

☐ "[...] Mas os nossos aniversários eram uma beleza."

2 Qual foi o aniversário mais marcante para a autora do relato?

_____

_____

3 Você acha que os acontecimentos relatados são verdadeiros ou foram inventados? Por quê?

_____

_____

4 Quais eram as opções de programas para os aniversariantes? Organize uma lista no caderno.

5 Releia este trecho do texto.

> Então, a gente escolhia, por exemplo, de manhã sair para passear a cavalo, ou ir tirar retrato no lambe-lambe. Depois, podia ser um piquenique, debaixo de árvores, levando galinha cheia, sorvete e bolo. E também podia ser almoço num restaurante da cidade. De tarde, se tinha circo, ia-se ao circo. Se não tinha, cinema. E de noite se fazia fogueira, como em dia de São João, com todas as brincadeiras que o aniversariante quisesse.

Quais palavras do trecho acima marcam a passagem do tempo? Sublinhe-as.

6 Que palavra do trecho a seguir mostra que o fato já aconteceu? Contorne-a.

> Um dos meninos, no aniversário dele, em vez de fogueira exigiu uma serenata, com violão, cavaquinho e cantoria.

7 Quais palavras dos trechos a seguir mostram que a autora do relato se refere a ela e aos irmãos? Contorne-as.

> Lá em casa, nós éramos muitas crianças, e nossa mãe não gostava de dar festa. Mas os nossos aniversários eram uma beleza.
> Foi este o aniversário mais lindo que a gente pode lembrar.

O texto que o professor leu é um **relato pessoal**. Esse texto costuma ser escrito para registrar lembranças ou vivências marcantes da vida de uma pessoa ou de um grupo.

ESTUDO DA LÍNGUA

Frase

> **Frase** é uma mensagem que tem sentido completo, formada por uma ou mais palavras. As frases são iniciadas, geralmente, com letra maiúscula e terminam com um sinal de pontuação.

1 Leia esta frase.

> Mas os nossos aniversários eram uma beleza.

a) Quantas palavras há nessa frase?

☐ palavras

b) Que tipo de letra é usado no início da frase?

☐ letra maiúscula

☐ letra minúscula

c) Copie o sinal que aparece no final da frase. ☐

2 Releia este trecho do relato.

> De tarde, se tinha circo, ia-se ao circo. Se não tinha, cinema. E de noite se fazia fogueira, como em dia de São João, com todas as brincadeiras que o aniversariante quisesse.

- Passe um traço para separar uma frase da outra. Quantas frases há nesse trecho do relato?

☐ frases.

Sinais de pontuação

Leia estas frases.

> Foi este o aniversário mais lindo que a gente pode lembrar.
>
> Foi este o aniversário mais lindo que a gente pode lembrar!
>
> Foi este o aniversário mais lindo que a gente pode lembrar?

Você percebeu que no final de cada frase existe um sinal diferente?

Vamos conhecer cada um desses sinais e o que eles expressam.

> O **ponto-final** é um sinal de pontuação que indica o fim de uma frase.

Exemplos:

Renata e Marina são amigas.

As meninas costumam brincar juntas na pracinha.

Marina usa óculos.

> O **ponto de exclamação** é um sinal de pontuação usado nas frases que expressam alegria, tristeza, admiração, surpresa, medo.

Exemplos:

Marina anda de bicicleta muito bem!

A pracinha está tão suja!

Renata, não vá sozinha!

O **ponto de interrogação** é um sinal de pontuação usado para expressar pergunta.

Exemplos:

Você sabe andar de bicicleta?

Existe alguma praça perto da sua casa?

O que você faz depois da aula?

ATIVIDADES

1 Coloque os sinais de pontuação ? ! . nas frases.

Quer brincar comigo_____

Adoro pular corda_____

Minha bola é nova_____

Onde está a minha bola_____

Vou até a pracinha_____

Ai, que tarde deliciosa_____

2 Desembaralhe as frases e coloque o ponto-final.

a) boneca A nova é

_____

b) carrinho ganhei um Eu

_____

c) crianças As brincam escola na

_____

3 Forme frases interrogativas com as palavras.

a) andar – bicicleta
_____

b) brincar – casa
_____

c) gosta – futebol
_____

4 Desembaralhe as frases e coloque o sinal de exclamação.

a) dia Que lindo
_____

b) susto que Ai,
_____

c) suco gostoso Que
_____

d) estranho Que sonho
_____

e) maravilhoso Esse está de milho creme
_____

f) natureza à Viva
_____

5 Pinte com um lápis de cor clara os sinais de pontuação do texto a seguir. Depois, escute com atenção como o professor vai ler a história. Esses sinais indicam quando deve ser feita uma pausa na leitura e como deve ser a entonação.

Festa surpresa

Era aniversário do gato. Ele não queria fazer nada de especial, tinha vergonha quando todos cantavam o parabéns. Então, ficou satisfeito quando ninguém veio lhe cobrar o bolo e uma festa.

Porém, no passar do dia, percebeu que nenhum animal da fazenda havia se lembrado de seu aniversário. Começou a ficar meio triste. Será que ele era tão chato assim?

Já no fim da tarde, percebeu que a galinha estava indo falar com ele. Estufou o peito para receber o parabéns, mas ela só queria um favor, pediu que ele a acompanhasse até o celeiro, estava precisando de milho e era muito pesado para que carregasse sozinha.

Ao chegar perto do celeiro, ele notou uma movimentação estranha e, de repente:

– Surpresa! Feliz aniversário! – todos os animais estavam a sua espera para comemorar seu aniversário.

– Não achou que íamos esquecer, não é? Afinal, a vida dos bons amigos sempre deve ser celebrada!

Eleonora Beal Cecconello. *365 histórias para contar*. Cotia, SP: Pé da letra, 2017. [s.p.].

UM TEXTO PUXA OUTRO

Acompanhe a leitura que o professor vai fazer.

Uma festa e tanto!

Na semana seguinte a Lamica fez aniversário. E a turma do Clube dos Contrários resolveu comemorar. Lamica convenceu a mãe a organizar uma festinha e deixar que ela mesma se ocupasse dos convidados. Convocou seus contrariantes colegas de clube para ir à sua casa no sábado à tarde. Seria uma festa diferente. Uma festa original. Uma festa ao contrário.

Cada um que chegava recebia de Lamica o brinde da saída e se despedia. Assim que o último convidado chegou, todos avançaram imediatamente para o bolo, que foi devorado em menos de cinco minutos. Depois disso, todos assopraram uma velinha, cada um a sua. Menos a aniversariante, é claro! Em seguida cantaram o "Parabéns". Só que o "Parabéns" deles era um pouquinho diferente. Era assim:

Rá-tim-bum!
É hora, é hora, é hora é hora é hora!
É pique, é pique, é pique é pique é pique!
Então como é que é? É!
Para a Lamica nada — tudo!
Muitos anos de vida.
Muitas felicidades,
Nesta data querida,
Parabéns a você,

[...]

Finalmente chegou a hora do baile! Todo mundo começou a dançar. Mas sem música, é claro.

[...]

Ficaram dançando um tempão. O Caju dava um jeitinho de ficar sempre perto da Naliroca. Aquela menina tinha alguma coisa que o fascinava! Estavam se divertindo muito quando a mãe de Lamica não aguentou mais. Teve um chilique, falou que não podia permitir que aquelas crianças malucas fizessem bagunça na casa dela e mandou todo mundo embora.

A Lamica ficou triste, mas já estava acostumada com isso. E as outras crianças também. Cada um escreveu com um lápis-borracha uma lembrança no caderno da Lamica. E antes de sair entregaram todos os presentes para ela. Puxa vida, aquela foi uma festa e tanto!

Sílvia Zatz. *O Clube dos Contrários*. São Paulo: Companhia das Letrinhas, 2008. p. 59-62.

1 Você entendeu a história? Responda:

a) Quem são os personagens?

b) Onde a história se passa?

c) O que você observou de diferente no nome da aniversariante e de alguns convidados da festa?

d) Por que a história tem esse título?

2 Leia a história "Uma festa e tanto!" com seus familiares.

PRODUÇÃO DE TEXTO

Relato pessoal

É sua vez de produzir um relato pessoal.

Você pode começar escrevendo seu nome, o lugar onde nasceu e o nome de seus familiares ou responsáveis.

Depois, pode fazer um relato da sua rotina. Para marcar a passagem do tempo, use palavras como: antes, depois, ontem, hoje, amanhã, de manhã, de tarde, de noite, outro dia, antigamente, há muito tempo.

Lembre-se de relatar um acontecimento que foi importante em sua vida.

Planejamento

Para planejar seu relato, pense nestas questões:
- Qual será o fato mais marcante do seu relato?
- Como, quando e onde esse fato aconteceu?
- Quem participou desse acontecimento?
- O que você sentiu quando isso aconteceu?
- Seu texto será acompanhado de alguma foto, desenho, música, objeto que represente a experiência relatada?

Criação

Faça um rascunho do relato nas linhas a seguir.

_____
_____
_____
_____
_____
_____

Revisão

Com a ajuda do professor, revise o relato que você escreveu.
- Você relatou um fato marcante de sua vida?
- Você escreveu como, quando, onde esse fato aconteceu e quem participou dele?
- Você escreveu sobre suas emoções no relato?
- Você usou palavras para marcar a passagem do tempo?
- Lembrou-se de começar as frases com letra maiúscula?
- Separou as palavras com espaços em branco?

Versão final

Faça as correções necessárias no texto e passe-o a limpo no caderno ou em uma folha de papel.

Apresentação

Entregue seu relato para o professor. Ele vai escolher alguns relatos para ler em voz alta.

AMPLIANDO O VOCABULÁRIO

cavaquinho

(ca-va-**qui**-nho): instrumento musical de cordas.

galinha cheia

(ga-**li**-nha **chei**-a): galinha recheada.

lambe-lambe

(**lam**-be-**lam**-be): fotógrafo que trabalhava em ruas, parques e praças.

serenata

(se-re-**na**-ta): apresentação musical simples, realizada ao ar livre.

LEIA MAIS

Clube dos Contrários

Silvia Zatz. São Paulo: Companhia das Letrinhas, 1999.

Nesse livro, Juca, o personagem principal, estava cansado de fazer sempre as coisas do jeito que os adultos queriam. Então, resolveu criar o Clube dos Contrários, onde era chamado de Caju, para mostrar que as coisas podiam ser diferentes.

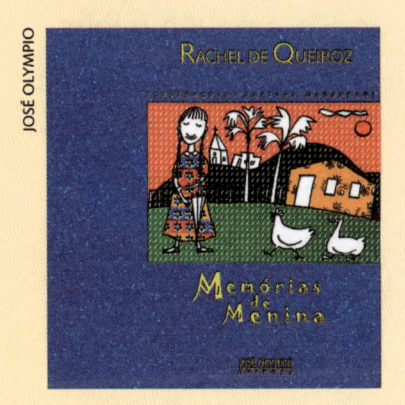

Memórias de Menina

Rachel de Queiroz. Rio de Janeiro: José Olympio, 2019.

Esse livro traz onze histórias sobre a infância da autora.

365 histórias para contar

Eleonora Beal Cecconello. Cotia, SP: Pé da letra, 2017.

Nesse livro, como anuncia o título, foram reunidas 365. Com elas, você vai conhecer um pouco do mundo das lendas, das fábulas e dos contos clássicos.

ORGANIZANDO CONHECIMENTOS

1 Numere os textos de acordo com a legenda.

1 bilhete **2** carta **3** receita

Massa para crepe

Ingredientes

- 5 colheres (sopa) de farinha de trigo
- 2 ovos
- 2 xícaras e meia (chá) de leite
- meia colher (café) de sal
- 100 gramas de manteiga ou margarina

Modo de preparo

- Misture a farinha com os ovos e adicione pouco a pouco o leite misturado com o sal. Deixe essa massa descansar por 10 minutos.
- Leve ao fogo uma frigideira de 20 centímetros de diâmetro (ou um pouco maior) e, quando esquentar, unte-a com manteiga ou margarina.
- Ponha 2 ou 3 colheres (sopa) da massa e gire a frigideira para que ela se espalhe por igual. Deixe no fogo até dourar (mais ou menos 3 minutos).
- Vire a massa e retire-a da frigideira.

Nota: Para crepes ou panquecas menores, use frigideira com 8 a 12 centímetros de diâmetro.

Dona Benta. *Dona Benta: Comer bem*. São Paulo: Companhia Editora Nacional, 2004.

> Ana,
> Você quer brincar comigo amanhã depois da aula?
> Um beijo,
>   Mariana

São Lourenço do Piauí, 24 de maio de 2017.

Oi, prima!
   Ainda não tenho internet aqui em casa e por isso, para mim, é mais fácil mandar uma correspondência pelo correio.
   Gostaria de saber se você está gostando da nova casa, da nova escola, dos novos amigos. Você pode me mandar umas fotos das coisas aí? Estou curiosa para saber como é seu quarto e também para ver se você pendurou aquele quadro que eu te dei.
   Mande notícias, tá? Estou com saudades.
   Um grande beijo,
                                        Bia.

2 Pinte com estas cores:

✏️ partes de uma carta

✏️ partes de uma receita

mensagem	título	local
ingrediente	data	assinatura
despedida	saudação	modo de fazer

3 Escreva o nome das figuras. Use um quadrinho para cada sílaba da palavra.

4 Leia este relato.

> Meu nome é Clara, tenho 8 anos e visitamos a África do Sul em família, país que adoramos!
> Eu gostei de tudo! Gostei do hotel: eu não esperava que ele fosse tão bonito, com um quarto tão maravilhoso! Eu queria morar lá! Adorei as atividades de reciclagem [...] e queimar *marshmallow* na fogueira de noite.
> Fazia frio, mas ainda bem que sempre nos davam bolsas de água quente para aquecer [...].
> Eu não esperava ver animais e principalmente leões tão perto! Foi emocionante! Tirei muitas fotos com a minha máquina. A minha irmã de 4 anos ficou com medo dos leões, mas adorou os elefantes que atravessaram na nossa frente!
>
> Disponível em: https://viajarcomcriancas.com.br/africa-do-sul-criancas/.
> Acesso em: 18 ago. 2022.

a) Os acontecimentos relatados estão relacionados às lembranças de:

☐ um objeto preferido.   ☐ um familiar querido.
☐ um lugar visitado.   ☐ uma data especial.

130

b) Algumas palavras do texto começam com letra maiúscula porque:

☐ fazem parte de um relato.   ☐ estão no final da frase.

☐ estão no início da frase.   ☐ estão no meio da frase.

5 Complete as palavras. Depois, copie-as.

e_____padas   lâ_____pada   chi_____panzé

_____   _____   _____

bo_____bom   beri_____bau   po_____ba

_____   _____   _____

mi_____gau   pe_____te   tama_____duá

_____   _____   _____

131

6 Releia esta frase do texto "Uma festa e tanto!".

> Lamica convenceu a mãe a organizar uma festinha e deixar que ela mesma se ocupasse dos convidados.

a) Quantas palavras existem nessa frase? ☐ palavras

b) Que tipo de letra é usado no início da frase?

☐ Letra maiúscula.

☐ Letra minúscula.

c) Copie o sinal que aparece no final da frase ☐.

7 Faça um traço para separar as palavras da frase.

> Avidadosbonsamigossempredevesercelebrada!

Escreva a frase na linha, deixando espaços em branco entre as palavras.

_____

8 Ordene as palavras para formar frases do texto "Aniversário".

a) eram beleza os Mas aniversários nossos uma.

_____

b) aniversário gente este mais lembrar Foi lindo que o a pode.

_____

_____

9 Acompanhe a leitura do professor. Repare no tom de voz dele ao ler o final de cada frase.

> Todo mundo começou a dançar?

> Todo mundo começou a dançar!

> Todo mundo começou a dançar.

a) Circule os sinais que aparecem no final de cada frase.

b) O que esses sinais significam? Comente com os colegas e o professor.

c) Pinte as frases de acordo com a legenda:

✏️ A frase que indica uma pergunta.

✏️ A frase que faz uma afirmação.

✏️ A frase que indica uma admiração.

10 Pontue as frases adequadamente:

- Quem comeu o bolo ☐
- Adoro creme de milho ☐
- Pedrinho, não use o forno sozinho ☐
- Monteiro Lobato criou os personagens do *Sítio do Picapau Amarelo* ☐

LIÇÃO 9 — UM PULO NA FLORESTA

VAMOS COMEÇAR!

Leia o título, a legenda e onde o texto foi publicado. Sobre o que você acha que esse texto vai tratar?

Faça uma leitura silenciosa. Depois, acompanhe a leitura do professor para verificar se o que você pensou se confirma.

Um pulo na floresta

Segunda parada da série sobre a vida das crianças pelo país mostra turma que caça brincando

Gabriela Romeu
Colaboração para a Folha, em Altamira (PA)

Ao lado de um barco, uma anta caçada há pouco era cortada em pedaços. Algumas crianças espiavam os dentões do animal, outras carregavam sua porção do bicho para casa.

Crianças asurini brincam no rio Xingu, 2009.

SAMUEL MACEDO/FOLHAPRESS

A cena ocorreu na aldeia Koatinemo, do povo Asurini do Xingu, que fica a algumas horas de barco da cidade de Altamira, no Pará. Na região, vivem diversos grupos indígenas – Xicrin, Arara, Juruna e outros.

Arauari é um dos meninos que estavam por ali, brincando de mergulhar como flecha no rio e de cruzar as corredeiras. O garoto, que não sabe ao certo sua idade, mas calcula ter uns 11 anos, contou que é também um caçador.

Desde pequeno, Arauari acompanha o pai e o irmão em caçadas na floresta. Saber andar na mata, capturar a caça e trazer o animal para casa fazem parte de seu aprendizado.

A hora de sair para caçar é à tardinha, quando entram na mata e esperam num lugar até anoitecer. "A gente vai aonde está a comida do bicho", disse.

Um dia foi assim: "Ficamos bem quietos. Deu oito horas, e a anta apareceu – tuc, tuc, tuc", imita o som da pisada do animal. [...] "Foi pesado para carregar para a aldeia."

Também caçam paca [...] e jabuti. "Um dia peguei três jabutis", disse orgulhoso. Ele já conhece os perigos na mata. "Quando o bicho está com filhote, fica bravo." O jeito é subir rapidinho no açaizeiro para se proteger.

De volta à aldeia, "quando a caça é grande", é repartida. Nos dias em que estive lá, caçaram uma paca e três antas. E até os visitantes ganharam um bom pedaço. Concordo com Arauari: carne de paca é a melhor. E bem mais gostosa do que as latinhas de atum que eu havia levado na bagagem e me esperavam para o jantar.

Gabriela Romeu. Um pulo na floresta. *Folha de S.Paulo*, São Paulo, 16 nov. 2013. Folhinha. p. 6.

ESTUDO DO TEXTO

1 O texto que você ouviu é uma reportagem. Localize no texto e responda:

a) Título da reportagem: _____

b) Nome da jornalista: _____

c) Jornal que publicou a reportagem: _____
_____

> A **reportagem** é um texto jornalístico. Quem escreve reportagens é o (a) jornalista. Elas podem ser publicadas em jornais, revistas e/ou *sites*.

2 Marque um **X** nas respostas corretas:

a) A reportagem "Um pulo na floresta":

☐ ensina a realizar uma brincadeira.

☐ informa sobre o modo de vida do povo Asurini.

b) A reportagem tem como assunto principal:

☐ as caçadas na floresta.

☐ as brincadeiras das crianças.

c) As informações da reportagem:

☐ foram inventadas pela jornalista.

☐ são verdadeiras, escritas com base em uma visita da jornalista à aldeia.

Na reportagem, o (a) jornalista pesquisa e verifica os fatos, para avaliar se eles são verdadeiros.

3 Complete com informações sobre o menino indígena citado na reportagem:

Nome: _____

Idade: _____

Povo indígena: _____

Nome da aldeia: _____

Localização da aldeia: _____

4 Releia este trecho da reportagem:

> Desde pequeno, Arauari acompanha o pai e o irmão em caçadas na floresta. Saber andar na mata, capturar a caça e trazer o animal para casa fazem parte de seu aprendizado.
> A hora de sair para caçar é à tardinha, quando entram na mata e esperam num lugar até anoitecer. "A gente vai aonde está a comida do bicho", disse.

a) Quem disse a frase "A gente vai aonde está a comida do bicho"?

_____

b) Em sua opinião, por que a jornalista coloca a fala de outras pessoas na reportagem?

_____

_____

137

5 No trecho abaixo:

> De volta à aldeia, "quando a caça é grande", é repartida. Nos dias em que estive lá, caçaram uma paca e três antas. E até os visitantes ganharam um bom pedaço. Concordo com Arauari: carne de paca é a melhor. E bem mais gostosa do que as latinhas de atum que eu havia levado na bagagem e me esperavam para o jantar.

a) contorne um costume praticado pelos indígenas.

b) sublinhe uma opinião da jornalista.

6 Releia este trecho do texto:

> A cena ocorreu na aldeia Koatinemo, do povo Asurini do Xingu, que fica a algumas horas de barco da cidade de Altamira, no Pará.
> Arauari é um dos meninos que estavam por ali, brincando de mergulhar como flecha no rio e de cruzar as corredeiras. O garoto, que não sabe ao certo sua idade, mas calcula ter uns 11 anos, contou que é também um caçador.

Localize no trecho e escreva o nome de:

a) uma pessoa: _____

b) uma cidade: _____

c) um povo indígena: _____

d) uma aldeia: _____

e) um estado: _____

7 Releia mais um trecho da reportagem.

> Ao lado de um barco, uma anta caçada há pouco era cortada em pedaços. Algumas crianças espiavam os dentões do animal, outras carregavam sua porção do bicho para casa.

Localize no trecho acima e escreva o nome de:

a) um meio de transporte: _____

b) um animal: _____

8 Volte ao texto e escreva o nome dos animais caçados pelo povo Asurini.

Para lembrar: usamos letra inicial maiúscula em nomes de pessoas, cidades, estados, países, avenidas, que são nomes próprios.
Também usamos letra inicial maiúscula no início de frases. Usamos letra minúscula em nomes comuns, palavras que nomeiam todos os seres da mesma espécie: animais, frutas, objetos, flores, sentimentos etc.

139

ESTUDO DA LÍNGUA

Letras R e RR

Releia este trecho da reportagem.

> **Arauari** é um dos meninos que estavam por ali, brincando de mergulhar como flecha no **rio** e de cruzar as **corredeiras**.

Observe as palavras destacadas.
Em A**r**auari, o **R** aparece entre vogais. É um som fraco.
Em **rio**, o **R** inicia a palavra. É um som forte.
Ainda existe o som de **RR**, que é sempre forte e aparece entre duas vogais, como em **corredeiras**.

> Na Língua Portuguesa, não existem palavras iniciadas com **RR**.

ATIVIDADES

1 Escreva as palavras nas colunas corretas.

amarelo   barriga   barraca   rede   carrossel   carroça
robô   moreno   caramelo   arara   ratinho   roupa

R inicial	RR	R entre vogais

2 Complete as palavras com **RR**. Depois, copie-as.

co____ida – _____   to____e – _____

fe____o – _____   te____eno – _____

ca____o – _____   se____a – _____

be____a – _____   co____e – _____

> Na separação das sílabas de uma palavra com **RR**, cada **R** fica em uma sílaba diferente.

3 Separe as sílabas das palavras. Veja o exemplo:

barro – **bar-ro**   ferradura – _____

corrida – _____   barriga – _____

varrido – _____   beterraba – _____

4 Faça um traço para separar as palavras em sílabas. Depois, use duas sílabas de cada palavra para formar outra palavra.

carrossel – _____   terraço – _____

torrada – _____   barraca – _____

5 Sublinhe as palavras em que o R tem som forte.

garapa   relógio   rede

bandeira   raiz   rua

roda   rádio   floresta

UM TEXTO PUXA OUTRO

O professor vai ler um relato.

Leia o título do texto. Pelo título, você consegue imaginar o assunto do texto. Do que ele vai tratar?

Quando a escola é a natureza

Eu sou Yaguarê Yamã, que na língua portuguesa quer dizer Tribo das Onças Pequenas. E também eu tenho outro nome: Ozías Glória de Oliveira. Nasci numa aldeia próxima de Nova Olinda do Norte que fica na divisa entre Amazonas e Pará, região dos índios Maraguá, povo de minha mãe. Já meu pai é filho do povo Sateré-Mawé, de modo que eu pertenço a esses dois povos.

A vida de uma criança na aldeia é assim: logo de manhã bem cedo, quando a gente vai pegar água para os adultos, só limpar os dentes não basta, tem que pular na água e aproveitar bem essa hora. Daí a gente volta e trabalha com os adultos. Lá pelas três da tarde, já estamos livres novamente para pular na água, e são mais duas horas de brincadeira. A gente também sai, um monte de curuminzinho, de meninozinho, andando no mato, entrando na floresta e criando aventuras, imaginando animais fantásticos, procurando o Reino da Cobra Grande...

No finalzinho da tarde, a gente volta para ouvir histórias. O meu pai é um dos contadores de histórias. Ele senta bem no meio do terreiro, toca flauta, respira bem fundo e fica contando fábulas para as crianças. É dever do

VANESSA ALEXANDRE

pai ensinar para os filhos pequenos as histórias de nosso povo. Lá na aldeia, não tem escola do jeito que vocês conhecem.

Nossa escola é a natureza, e os professores são os mais velhos. Eu aprendi a desenhar e gosto muito. A gente usa uma espinha de peixe. Ficamos brincando no terreiro da aldeia, pegando as espinhas bem fininhas, e vamos pra areia do terreiro e começamos a desenhar, imitando animais, árvores e peixes.

Há pouco tempo, o meu pessoal fez o primeiro passeio em uma cidade. Eu devia ter 8 anos quando fui lá pela primeira vez. Fomos em canoas, durou umas sete horas. Quando chegamos na cidade de Parintins, estava escurecendo, e eu nunca tinha visto aquela quantidade de luzes. Aquilo era um mundo novo para mim! Não tinha ideia que tivesse um mundo fora da minha aldeia, fora de Nova Olinda do Norte. Não tinha ideia do tamanho do mundo, achava que, com umas remadas a mais pelo rio afora, a gente entraria num grande abismo e tudo acabaria por lá mesmo.

José Santos. *Crianças do Brasil*: suas histórias, seus brinquedos, seus sonhos. São Paulo: Peirópolis, 2009. p. 88.

1 Quem é o autor do relato?

_____

2 Marque **X** na resposta correta.

No texto, o autor relata:

☐ vivências de sua vida e de seu grupo.

☐ memórias de outros tempos.

☐ aventuras que ele imagina viver.

3 Por que o título do relato é "Quando a escola é a natureza"?

☐ Porque a aldeia fica próxima de Nova Olinda do Norte.

☐ Porque eles usam espinhas de peixe bem fininhas para desenhar.

☐ Porque eles aprendem muito com a natureza e com os ensinamentos dos mais velhos.

4 Como o autor do relato descreve a rotina de uma criança na aldeia? Numere os acontecimentos na sequência.

☐ Trabalhar com os adultos.

☐ Ouvir histórias no finalzinho da tarde.

☐ Limpar os dentes e pular na água.

☐ Brincar na água à tarde.

☐ Pegar água para os adultos pela manhã.

☐ Passear na floresta.

5 Qual foi o fato mais marcante para o autor do relato? Que emoções ele sentiu?

144

EU GOSTO DE APRENDER MAIS

Você sabe quais são os direitos das crianças? Acompanhe a leitura do professor.

A Declaração dos Direitos da Criança

Todo mundo diz que as crianças têm direito a um montão de coisas. Foi durante a Assembleia Geral das Nações Unidas, no dia 20 de novembro de 1959, que representantes de centenas de países aprovaram a Declaração dos Direitos da Criança. Ela foi adaptada da Declaração Universal dos Direitos Humanos, só que voltada para a criançada! Mas é muito difícil a luta para que esses direitos sejam respeitados. A Declaração dos Direitos da Criança tem 10 princípios que devem ser respeitados por todos para que as crianças possam viver dignamente, com muito amor e carinho. Nós brasileiros temos o dever de proteger e valorizar nossas crianças pois não devemos esquecer que elas serão o nosso futuro.

PRINCÍPIO 1º

Toda criança será beneficiada por esses direitos, sem nenhuma discriminação por raça, cor, sexo, língua, religião, país de origem, classe social ou riqueza. Toda e qualquer criança do mundo deve ter seus direitos respeitados!

PRINCÍPIO 2º

Toda criança tem direito a proteção especial, e a todas as facilidades e oportunidades para se desenvolver plenamente, com liberdade e dignidade.

PRINCÍPIO 3º

Desde o dia em que nasce, toda criança tem direito a um nome e uma nacionalidade, ou seja, ser cidadão de um país.

PRINCÍPIO 4º

As crianças têm direito a crescer com saúde. Para isso, as futuras mamães também têm direito a cuidados especiais, para que seus filhos possam nascer saudáveis. Toda criança também têm direito a alimentação, habitação, recreação e assistência médica!

PRINCÍPIO 5º

Crianças com deficiência física ou mental devem receber educação e cuidados especiais! Porque elas merecem respeito como qualquer criança!

PRINCÍPIO 6º

Toda criança deve crescer em um ambiente de amor, segurança e compreensão. As crianças devem ser criadas sob o cuidado dos pais, e as pequenas jamais deverão separar-se da mãe, a menos que seja necessário. O governo e a sociedade têm a obrigação de fornecer cuidados especiais para as crianças que não têm família nem dinheiro para viver decentemente.

PRINCÍPIO 7º

Toda criança tem direito de receber educação primária gratuita, e também de qualidade, para que possa ter oportunidades iguais para desenvolver suas habilidades. E como brincar também é um jeito gostoso de aprender, as crianças também têm todo o direito de brincar e se divertir!

PRINCÍPIO 8º

Seja em uma emergência ou acidente, ou em qualquer outro caso, a criança deverá ser a primeira a receber proteção e socorro dos adultos.

PRINCÍPIO 9º

Nenhuma criança deverá sofrer por pouco caso dos responsáveis ou do governo, nem por crueldade e exploração. Nenhuma criança deverá trabalhar antes da idade mínima nem será levada a fazer atividades que prejudiquem sua saúde, educação e desenvolvimento.

PRINCÍPIO 10º

A criança deverá ser protegida contra qualquer tipo de preconceito, seja de raça, religião ou posição social. Toda criança deverá crescer em um ambiente de compreensão, tolerância e amizade, de paz e de fraternidade universal.

Fonte: Fiocruz. A Declaração dos Direitos da Criança. Disponível em: http://www.fiocruz.br/biosseguranca/Bis/infantil/direitodacrianca.htm. Acesso em: 16 maio 2022.

1. Converse com um colega e responda: Por que vocês acham que a Declaração dos Direitos da Criança foi escrita?

2. Faça um desenho mostrando o que você entendeu sobre um dos princípios do texto lido. Dê um título a seu desenho.

PRODUÇÃO DE TEXTO

Faça uma pesquisa para descobrir se as crianças que moram nas diferentes regiões do Brasil se divertem da mesma forma.

Preparação

Com a ajuda do professor, forme um grupo com mais dois ou três colegas.

Vocês podem pesquisar sobre o assunto em livros ou na internet.

Se houver possibilidade, vocês também podem conversar com pessoas que moram, já moraram ou costumam visitar outras regiões do Brasil.

Escrita

Vocês vão registrar por escrito os resultados da pesquisa. O texto será elaborado de forma coletiva. O professor fará o registro no quadro.

Na escrita do texto, é importante informar:
- o nome das brincadeiras pesquisadas;
- o nome da região em que essas brincadeiras são realizadas;
- por que você e seus colegas escolheram essas brincadeiras para relatar no texto;
- como as crianças brincam: sozinhas, em duplas, em grupos;
- onde elas brincam;
- se essas brincadeiras também existem na região onde vocês moram, quais são as semelhanças e as diferenças.

Na página a seguir, copie o texto que o professor registrou no quadro de giz.

Revisão e reescrita

Releiam o texto com a ajuda do professor e façam uma revisão, corrigindo o que for necessário e editando a versão final.

AMPLIANDO O VOCABULÁRIO

abismo

(a-**bis**-mo): precipício muito profundo; profundeza.

açaizeiro

(a-çai-**zei**-ro): palmeira que produz um fruto de cor roxa chamado açaí; a polpa do açaí é utilizada, entre outras coisas, no preparo de refrescos.

aldeia

(al-**dei**-a): povoado; lugar onde vivem povos indígenas.

Cobra Grande

(**Co**-bra **gran**-de): é um ser imaginário representado por uma serpente gigante que mora no fundo dos rios, lagos e igarapés da Amazônia. Ela tem um corpo tão brilhante que é capaz de refletir a lua. Dizem que ela usa a beleza de sua luz para atrair os pescadores.

corredeiras

(cor-re-**dei**-ras): parte do rio, onde, devido à diferença de nível, as águas correm mais rápido.

GUENTERMANAUS/SHUTTERSTOCK

curuminzinho

(cu-ru-min-**zi**-nho): pequeno curumim; menino de pouca idade, garoto.

terreiro

(ter-**rei**-ro): terreno amplo.

150

LEIA MAIS

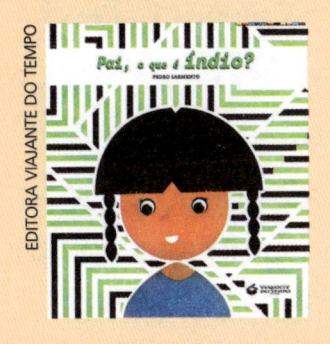

Pai, o que é índio?

Pedro Sarmento. Rio de Janeiro: Viajante do Tempo, 2013.

Esse livro apresenta alguns elementos das diferentes culturas indígenas existentes no Brasil.

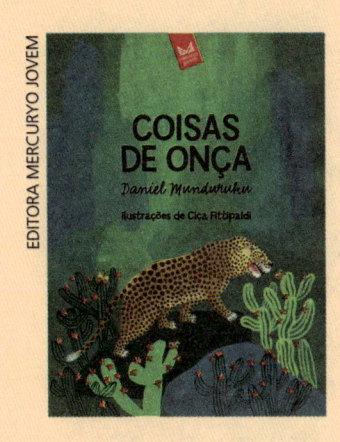

Coisas de onça

Daniel Munduruku. São Paulo: Mercuryo Jovem, 2011.

Nesse livro, há quatro fábulas que levam os leitores a aprender a se relacionar com a natureza e com outros seres vivos.

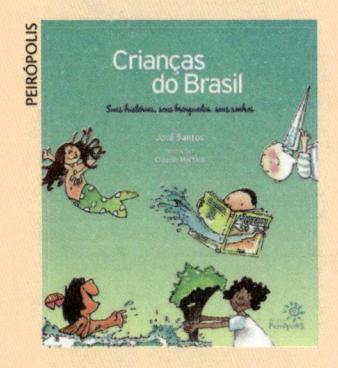

Crianças do Brasil

José Santos. Peirópolis.

Este livro reúne 27 histórias de infância com o relato da vida de brasileirinhos do interior e da capital, da praia e da floresta.

LIÇÃO 10

PERNA DE PAU DOS XAVANTE

VAMOS COMEÇAR!

A maioria das crianças gosta de inventar uma brincadeira e construir o próprio brinquedo. Vamos conhecer como as crianças de uma aldeia Xavante de Mato Grosso fazem isso?

Leia silenciosamente o texto a seguir. Depois, acompanhe a leitura do professor.

Perna de pau dos Xavante

Crianças, de uma maneira geral, adoram mostrar o quanto são grandes e fortes. Vivem fazendo gestos que aumentam seus tamanhos e forças. Talvez tenha sido através desse desejo que a perna de pau foi parar nas pernas de tantas crianças pelo mundo.

Em uma aldeia xavante, no Mato Grosso, quando as crianças têm vontade de andar nas pernas de pau, saem em grupos para o mato levando consigo seus facões. Precisam encontrar o brinquedo que está pronto e escondido em alguma árvore da mata, só aguardando a vinda de alguém. Procuram por horas um tronco longo e reto, e que tenha na ponta uma forquilha (uma divisão no formato da letra Y, onde se apoia o pé) nem muito curva, nem muito aberta.

Essa busca seria mais simples se a aldeia não estivesse situada bem no meio do Cerrado brasileiro, uma região de árvores baixas com troncos bastante tortos. Encontrado o tronco com essas características, logo surge o segundo desafio: achar o par para ele. Dessa forma, uma "caçada" às pernas escondidas na mata pode durar uma manhã inteira.

⬇

As forquilhas não permitem que os pés fiquem paralelos ao chão, eles ficam retorcidos para dentro, causando um certo desconforto para quem anda sobre elas. Mesmo assim, as crianças xavante gostam de provar que são fortes e resistentes, e o desafio é conferir quem consegue andar a maior distância possível sem cair. Um dia inteiro se passa sem que as crianças busquem uma nova atividade. Para elas, uma brincadeira por dia é suficiente.

Fonte: Renata Meirelles. Povos indígenas no Brasil mirim. Disponível em: https://goo.gl/6nbiMz. Acesso em: 20 jun. 2020.

Criança xavante brinca de perna de pau. Mato Grosso, 2009.

ESTUDO DO TEXTO

1 Releia esta parte do texto.

> Crianças, de uma maneira geral, adoram mostrar o quanto são grandes e fortes. Vivem fazendo gestos que aumentam seus tamanhos e forças. Talvez tenha sido através desse desejo que a perna de pau foi parar nas pernas de tantas crianças pelo mundo.

• De acordo com esse trecho, por que as crianças gostam de brincar de perna de pau?

_____
_____

153

2 Observe as cenas e escreva a sequência de ações que as crianças da aldeia Xavante precisam fazer para brincar de perna de pau.

1

2

_____

_____

3

4

_____

_____

3 Por que as crianças da aldeia Xavante têm dificuldade para encontrar um tronco longo e reto?

_____

_____

4 Depois de ler o trecho abaixo, desenhe o material que as crianças da aldeia Xavante utilizam para construir seu brinquedo.

> Procuram por horas um tronco longo e reto, e que tenha na ponta uma forquilha (uma divisão no formato da letra Y, onde se apoia o pé) nem muito curva, nem muito aberta.

5 Observe, em cada trecho, a palavra destacada e escreva, embaixo de cada quadro, a qual palavra já escrita ela se refere.

> Encontrado o tronco com essas características, logo surge o segundo desafio: achar o par para **ele**.

_____

> Um dia inteiro se passa sem que as crianças busquem uma nova atividade. Para **elas**, uma brincadeira por dia é suficiente.

_____

155

ESTUDO DA LÍNGUA

Letras C e Q

1 Leia estas quadrinhas.

No **quintal** de minha **casa**
Tem um pé de **abricó**
Quem quiser casar **comigo**
Vai pedir à minha avó

Domínio público.

No alto **daquele** morro
Tem uma **escada** de vidro
Por onde sobe meu bem
Por onde desce o **cupido**

Domínio público.

2 Copie as palavras destacadas nas quadrinhas nas colunas corretas.

ca	co	cu

que	qui

3 Leia as palavras da atividade 2. Depois, marque a alternativa correta.

☐ Nas sílabas **ca**, **que**, **qui**, **co**, **cu**, o som de **c** e **qu** é semelhante.

☐ Nas sílabas **ca**, **que**, **qui**, **co**, **cu**, o som de **c** e **qu** é diferente.

4 Leia em voz alta o nome de cada figura.

aquarela   aquário   queijo   quatro

quadro   esquilo   leque   coqueiro

a) Que letra vem sempre depois do **Q** nas palavras que você leu? A letra _____.

b) Organize as palavras nos quadros correspondentes.

A letra U não é pronunciada	A letra U é pronunciada

UM TEXTO PUXA OUTRO

Ouça a primeira leitura do professor. Depois, leia com um colega.

Sou indígena e sou criança

[...]
Nosso banho é lá no rio,
Seja em clima quente ou frio.

Na palmeira do açaí
Todo mundo quer subir.

Nosso povo ama dançar,
Celebrar, viver, cantar.

Eu não sei brincar sozinho,
Sempre há um amiguinho.

O que é caçado ou pescado
Tudo é compartilhado.

Não existe o meu e o seu,
Tudo é nosso, entendeu?

Aqui não falta mingau,
Para todo o pessoal.

Eu adoro mastigar
O que a terra quer nos dar.

Guaraná e macaxeira,
Mas que dupla verdadeira.
[...]

César Obeid. *Sou indígena e sou criança*. São Paulo: Moderna, 2014. [Livro eletrônico].

1 Onde as crianças indígenas do texto tomam banho?

_____

2 Como elas brincam?

_____

_____

3 Contorne no poema os nomes de alimento.

4 As crianças indígenas compartilham suas coisas com os colegas? Sublinhe a resposta no poema.

dançar rima com _____

sozinho rima com _____

pescado rima com _____

mingau rima com _____

macaxeira rima com _____

5 No poema, há palavras que terminam com o mesmo som, como **rio** e **frio**. Complete com outros exemplos.

6 Converse mais um pouco com os colegas e com o professor.
- A criança do poema faz coisas que você também faz? O quê?
- As crianças indígenas têm muito contato com a natureza. E você?
- Hoje em dia, nem todas as pessoas indígenas moram em aldeias. Há muitas pessoas indígenas na sua cidade?

EU GOSTO DE APRENDER MAIS

O texto a seguir foi escrito para ensinar um jeito de construir uma perna de pau. Leia-o com um colega.

Perna de pau

Alerta: O brinquedo deve ser confeccionado por um adulto.

Você vai precisar de:

- 2 tocos de madeira
- 2 estacas de madeira
- 1 martelo
- 2 pregos

Como construir

1. Encontre tocos de madeira com espaço para cada um dos seus pés.
2. Com o martelo, pregue as estacas em um dos lados de cada toco.
3. Suba nos tocos com o apoio da estaca e comece a andar.

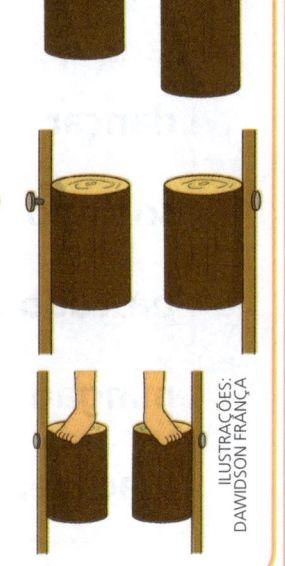

ILUSTRAÇÕES: DAWIDSON FRANÇA

Fonte: Perna de pau. Mapa do Brincar – UOL. Disponível em: http://goo.gl/Xc43uJ. Acesso em: 30 jul. 2022.

- Será que existem outras formas de construir esse brinquedo? Faça uma pesquisa para descobrir. Você pode procurar livros que ensinam brincadeiras, conversar com familiares e/ou conhecidos ou buscar essa informação em *sites*. Registre suas descobertas no caderno ou em uma folha avulsa e mostre aos colegas.

160

PRODUÇÃO DE TEXTO

Será que seus pais, avós e tios brincavam das mesmas coisas que você quando eram crianças?

Uma maneira de descobrir é fazer uma entrevista com eles.

Planejamento

Com a ajuda do professor e dos colegas, prepare o roteiro da entrevista.

Escreva no caderno as perguntas que podem ser feitas ao entrevistado.

Procurem saber:

- o nome da brincadeira;
- onde e com quem brincava;
- que material era utilizado;
- quantas pessoas participavam;
- qual era o objetivo da diversão.

Quem você vai entrevistar? Procure essa pessoa e explique a ela os motivos da entrevista. Combine um dia e horário para fazer as perguntas do roteiro.

Registre as respostas em uma folha avulsa, como souber, ou peça a ajuda da pessoa para fazer as anotações.

Na sala de aula, você contará aos colegas o que ouviu.

Apresentação oral

No dia combinado pelo professor, apresente aos colegas o resultado da sua entrevista. Você pode consultar as respostas escritas na folha ou falar de memória.

Lembre-se de:

- falar em voz alta para que todos possam ouvi-lo;
- prestar atenção à apresentação dos colegas;
- fazer perguntas se tiver dúvidas sobre o que foi falado.

Depois das apresentações, concluam: seus pais, avós e tios brincavam das mesmas coisas que você quando eram crianças? Por quê? Será que as crianças que moram nas diferentes regiões do Brasil se divertem da mesma forma? Para descobrir, faça uma pesquisa.

Preparação

Com a ajuda do professor, forme um grupo com mais dois ou três colegas.

Vocês podem pesquisar sobre o assunto em livros ou na internet.

Se houver possibilidade, vocês também podem conversar com pessoas que moram, já moraram ou costumam visitar outras regiões do Brasil.

Escrita

Escreva um registro de observação com os resultados das descobertas que fizeram. O texto será elaborado de forma coletiva. O professor fará o registro no quadro.

Na escrita do texto, é importante informar:

- o nome das brincadeiras pesquisadas;
- o nome da região em que essas brincadeiras são realizadas;
- por que você e seus colegas escolheram essas brincadeiras para relatar no texto;
- como as crianças brincam: sozinhas, em duplas, em grupos;
- onde elas brincam;
- se essas brincadeiras também existem na região onde vocês moram, quais são as semelhanças e as diferenças.

No caderno, copie o texto que o professor registrou no quadro.

Revisão e reescrita

Releiam o texto com a ajuda do professor e façam uma revisão.

Verifiquem se vocês:
- iniciaram as frases com letra maiúscula;
- escreveram os nomes próprios com letra inicial maiúscula;
- empregaram corretamente a letra **R** nas palavras;
- acentuaram as palavras;
- pontuaram as frases.

Versão final

Editem o texto e decidam como ele será divulgado. Entre as possibilidades de divulgação, estão o mural da escola, um jornal local ou *blog/site* da escola.

Façam desenhos ou incluam imagens para acompanhar o texto.

AMPLIANDO O VOCABULÁRIO

açaí

(a-ça-**í**):
1. nome dado a várias palmeiras do Norte do Brasil.
2. o fruto dessas palmeiras.
3. o refresco feito com esse fruto.

guaraná

(gua-ra-**ná**):
1. Massa feita com a semente de um tipo de cipó.
2. Bebida e refrigerante feitos com o pó dessa massa.

macaxeira

(ma-ca-**xei**-ra): o mesmo que mandioca ou aipim, planta de raiz alimentícia que serve para fazer farinha.

LEIA MAIS

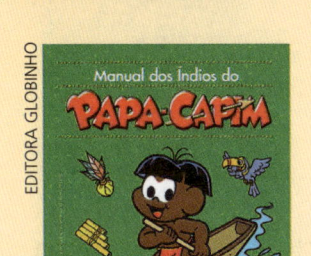

Manual dos Índios do Papa-Capim

Mauricio de Sousa. São Paulo: Globinho, 2009.

Esse livro apresenta costumes indígenas, brincadeiras que costumam ser realizadas na aldeia, mitos, danças e músicas dos diferentes povos indígenas. Também ensina a fazer alguns brinquedos, como peteca, pião e boneca de palha.

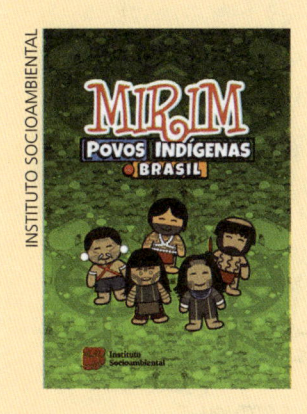

Povos indígenas no Brasil Mirim

Fany Ricardo. São Paulo: Instituto Socioambiental, 2016.

Nesse livro, há informações detalhadas sobre alguns dos 248 povos indígenas que vivem atualmente no Brasil.

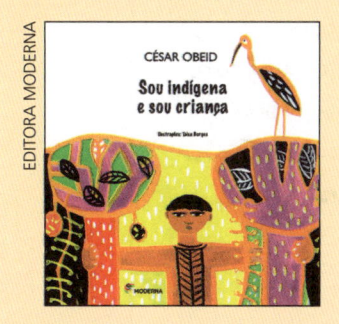

Sou indígena e sou criança

César Obeid. São Paulo: Moderna, 2014.

Você sabia que existem no Brasil mais de 200 povos indígenas que falam aproximadamente 170 línguas? Esse livro, escrito em versos, conta a história de uma criança indígena que poderia fazer parte de qualquer um desses povos e falar qualquer língua.

LIÇÃO 11
O DIÁRIO DA JULIETA

VAMOS COMEÇAR!

Leia uma página do diário pessoal ficcional da personagem Julieta.

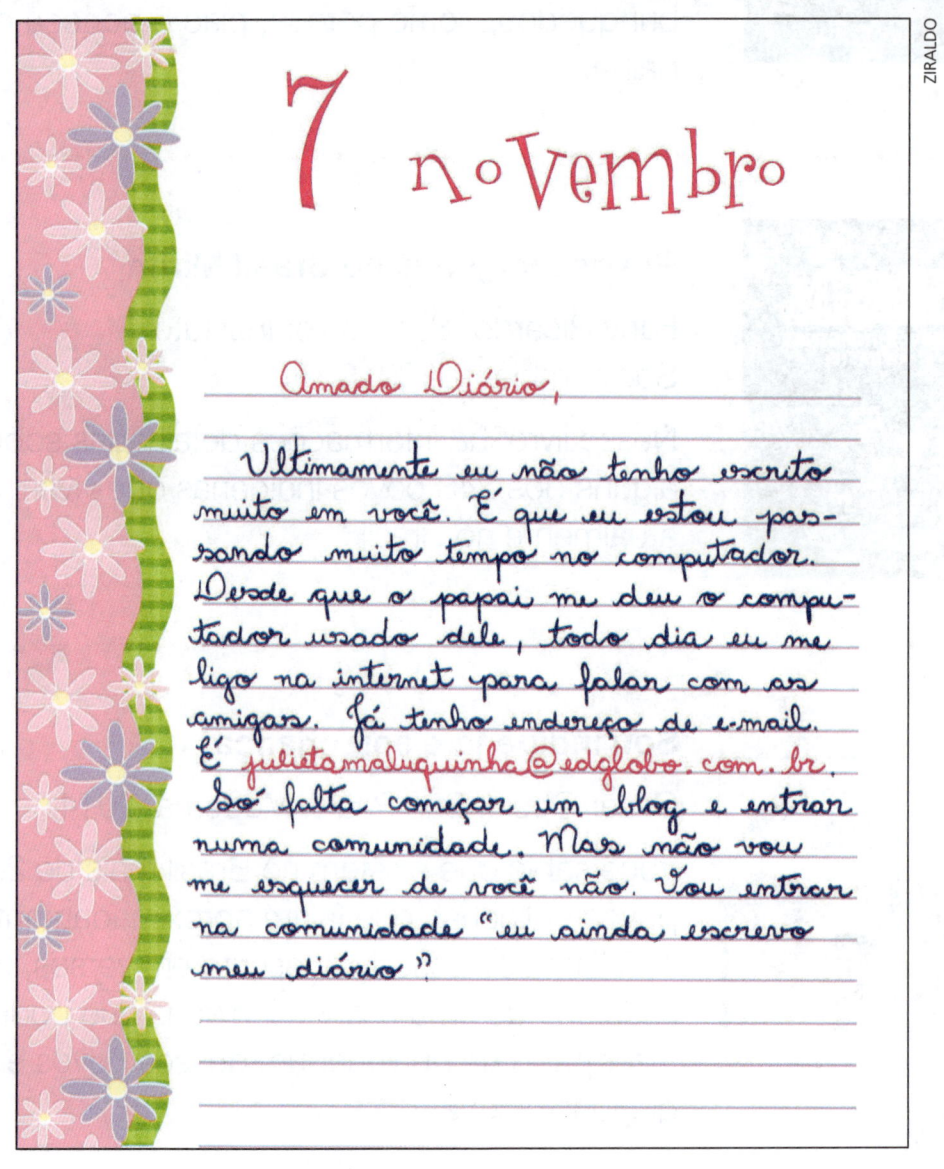

> **7 novembro**
>
> Amado Diário,
>
> Ultimamente eu não tenho escrito muito em você. É que eu estou passando muito tempo no computador. Desde que o papai me deu o computador usado dele, todo dia eu me ligo na internet para falar com as amigas. Já tenho endereço de e-mail. É julietamaluquinha@edglobo.com.br. Só falta começar um blog e entrar numa comunidade. Mas não vou me esquecer de você não. Vou entrar na comunidade "eu ainda escrevo meu diário".

ZIRALDO

Ziraldo. *Diário da Julieta*: as histórias mais secretas da Menina Maluquinha. São Paulo: Globo, 2006. p. 98.

ESTUDO DO TEXTO

1 A página do diário que você leu faz parte deste livro. Observe a capa.

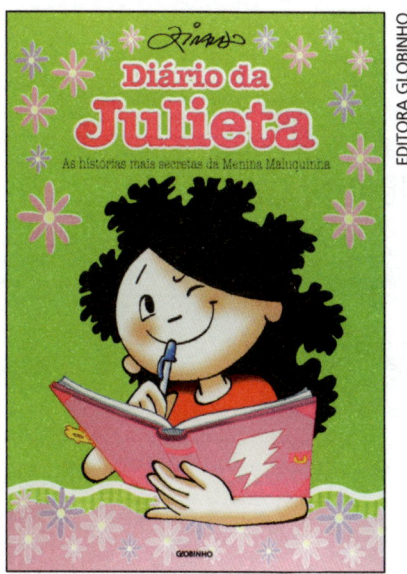

Responda.

a) Quem é o autor do livro?

_____

b) Quem é a personagem ilustrada na capa do livro?

_____

c) O que essa personagem tem nas mãos?

_____

d) O que a expressão do rosto da personagem indica?

_____

_____

2 Responda.

a) Em que dia Julieta escreveu em seu diário?
_____

b) Por que é importante colocar a data em um diário?
_____
_____

c) Que saudação Julieta utilizou?
_____

d) Que fato Julieta relatou?
_____
_____
_____

3 Julieta relata os acontecimentos como se estivesse conversando com o diário. Assinale as frases que confirmam essa informação.

☐ "Já tenho endereço de *e-mail*."

☐ "Ultimamente eu não tenho escrito muito em você."

☐ "Só falta começar um *blog* e entrar numa comunidade."

☐ "Mas não vou me esquecer de você não."

O autor do diário relata cronologicamente fatos ou acontecimentos do seu dia a dia, opiniões, impressões, confissões, desabafos. Uma página de diário pode conter: data, saudação, relatos e despedida.

4 Responda.

a) O diário costuma ter registros diários ou quase diariamente. Julieta tem feito isso? Por quê?

___

b) Que outra palavra Julieta poderia usar no início do relato, no lugar de "Ultimamente"?

- ☐ Nos últimos dias
- ☐ Em último lugar
- ☐ Infelizmente
- ☐ Há muito tempo

5 Julieta relata que acessa a internet e já tem um endereço de *e-mail*.

a) Qual é o *e-mail* da Julieta?

___

b) Para que ela acessa a internet?

___

c) Você também costuma acessar a internet? Para quê?

___

169

EU GOSTO DE APRENDER MAIS

Em seu diário, Julieta relata que vai começar um *blog* e entrar em uma comunidade.

Você sabe o que é um *blog*? Conte aos colegas.

Veja uma postagem feita no *blog* dos Doutores da Alegria, um grupo que utiliza a arte do palhaço para visitar hospitais e levar alegria às pessoas que estão internadas.

Leia o *post* que um integrante do grupo escreveu na data anterior ao Dia das Crianças.

Direitos universais da criança hospitalizada

Feito com muita seriedade e uma pitada de besteirologia pelo Dr. Lui*.

1. Toda criança tem o direito de ser atendida e entendida.
2. Toda criança tem o direito de ser impaciente mesmo que seja paciente.
3. Toda criança tem o direito de tomar chá de cadeira por poucos minutos.
4. Toda criança hospitalizada tem direito a uma cadeira de rodas para arejar as ideias.
5. Toda criança tem o direito de tomar injeção com carinho e proteção.
6. Toda criança hospitalizada tem o direito de berrar, chorar e espernear se uma agulha lhe espetar.
7. Toda criança hospitalizada tem o direito a uma volta médica em menos de 360 dias.
8. Toda criança tem o direito de ser criança sem precisar tomar remédio com validade.
9. Toda criança hospitalizada tem o direito de ver um sorriso médico mesmo que seja banguelo.

10. Toda criança tem o direito de escolher o sabor do seu soro preferido.
11. Toda criança tem o direito de tomar 3x ao dia injeções de ânimo.
12. Toda criança tem o direito de brincar, mesmo se hospitalizada ter que ficar.

[...]

* Dr. Lui é o ator Luciano Pontes, diretamente do Recife.

Fonte: Doutores da Alegria. Direitos universais da criança hospitalizada. Disponível em: https://doutoresdaalegria.org.br/blog/direitos-universais-da-crianca-hospitalizada/. Acesso em: 20 jun. 2022.

O *blog* é como se fosse um diário da internet. Nos *blogs*, as pessoas costumam registrar os mais variados assuntos e divulgar textos, vídeos e imagens para quem quiser ler e comentar.

Os leitores podem interagir com o autor do texto postado no *blog*, deixando comentários sobre o que foi escrito.

Leia um dos comentários feitos no blog dos Doutores da Alegria sobre a postagem do Dr. Lui.

Comentários em "Direitos Universais da Criança Hospitalizada"

Juliana **disse**:
12 outubro, 2016 às 9:29
Genial! Parabéns pelo belo trabalho e divulgação.

- Escreva um comentário sobre a postagem do doutor Lui.

_____

_____

ESTUDO DA LÍNGUA

Singular e plural

1 Leia o que Julieta escreveu em seu *blog* de férias.

QUINTA-FEIRA
Piquenique combina com férias!

PARQUE MUNICIPAL
Bem-vindo, cidadão!

Amigas e amigos do Diário de Férias, vou dar uma dica superlegal de programa pra vocês. Que tal fazer um piquenique com a família e os amigos à moda antiga, com toalha xadrez, cestinhas cheias de coisas gostosas, formigas, brincadeiras ao ar livre e muito papo furado? Eu fiz outro dia e foi muito divertido. Teve até uma surpresa!

5 COMENTÁRIOS

ZIRALDO

Ziraldo. *Diário da Julieta 3*: o *blog* de férias da Menina Maluquinha. São Paulo: Globo, 2012. p. 32.

a) Para quem Julieta dá uma dica de programa?

_____

b) Como Julieta poderia se referir a apenas um leitor?

_____

c) No texto, Julieta escreve "vou dar uma dica". Como ficaria a frase se Julieta desse mais de uma dica?

_____

O **singular** indica um só elemento. O **plural** indica mais de um elemento. Geralmente, para formar o plural basta acrescentar um **s** ao singular.
Exemplo: amigo – amigo**s**.

Algumas palavras formam o plural de modo diferente. Observe.

singular	plural
al, el, ol, ul	ais, éis, óis, uis
especial	especiais
anel	anéis
farol	faróis
azul	azuis

singular	plural
ão	ãos, ões, ães
cidadão	cidadãos
ilustração	ilustrações
pão	pães

singular	plural
r, s, z	r, s, z + es
amor	amores
mês	meses
nariz	narizes

singular	plural
m	ns
origem	origens
garçom	garçons
jardim	jardins

2 Leia as frases abaixo e responda.

O **computador** é do meu pai.

a) Como ficaria a frase se fosse mais de um computador?

_____

_____

Julieta levou **pudim** e **quindim** para o piquenique.

b) Como ficaria a frase se fosse mais de um doce de cada tipo?

_____

_____

Que dica **superlegal**, Julieta!

c) Como ficaria a frase se fosse mais de uma dica?

_____

_____

Maluquinho é **amigão** da Julieta.

d) Como ficaria a frase para se referir ao Maluquinho e ao Junim?

_____

_____

3 Veja os exemplos e escreva o plural das palavras.

raiz – raízes

cruz _____ voz _____

luz _____ noz _____

papel – papéis

pastel _____ anel _____

quartel _____ fiel _____

altar – altares

mar _____ escolar _____

mulher _____ abajur _____

> batom – batons

jasmin _____   bombom _____

álbum _____   nuvem _____

4 Passe as palavras para o plural.

feijão _____   lição _____

lampião _____   avião _____

mamão _____   anão _____

leão _____   portão _____

balão _____   botão _____

5 Passe as palavras para o plural. Depois, escolha duas e forme frases com elas.

a bola   a colher

_____   _____

o cachorro   o vendedor

_____   _____

o guarda   o ator

_____   _____

_____

_____

_____

6 Escreva o plural das palavras que estão no singular e o singular das palavras que estão no plural.

pimentões _____   casais _____

caracóis _____   igual _____

som _____   viagens _____

fogo _____   marrom _____

7 Escreva no plural o nome das ilustrações.

_____   _____

_____   _____

8 Passe as frases para o plural.

a) O livro está interessante.

_____

b) Aquela pessoa é encantadora.

_____

c) O indígena mora na aldeia.

_____

d) O cidadão conhece seu direito.

_____

9 Passe as frases para o singular.

a) Os problemas existem para serem enfrentados.

_____

_____

b) Seus irmãos nasceram depois.

_____

_____

c) Elas são indígenas pataxós.

_____

_____

d) As ilustrações estão fantásticas.

_____

_____

10 Forme frases com as palavras abaixo.

histórias – engraçadas

_____

_____

alunos – especiais

_____

_____

S e Z em final de palavra

1 Leia as palavras em voz alta, prestando atenção ao som das sílabas destacadas.

tartaru**gas**	me**tais**
car**taz**	ar**roz**
pei**xes**	vi**dros**
xa**drez**	cus**cuz**
chafa**riz**	ta**tus**

a) As sílabas destacadas têm o som do **S**?

_____

b) Nessas palavras, o som do **S** é representado da mesma maneira?

_____

c) Separe as palavras em duas colunas, de acordo com a letra que representa o som do **S**.

Coluna 1	Coluna 2

d) O que você observou para separar as palavras?

_____

_____

_____

2 Observe as crianças e complete as frases.

a) As _____ são vermelhas.

b) As calças são _____.

c) Os _____ são amarelos.

d) Os bonés são _____.

e) As armações dos _____ são

_____.

3 Complete as palavras com S ou Z.

Portuguê___	feli___	cicatri___
ve___	lilá___	avó___
avestru___	jui___	velo___
doi___	depoi___	nó___

179

UM TEXTO PUXA OUTRO

Leia esta história em quadrinhos da personagem Diná, criada por Ivan Zigg.

REX em Querido Diário

"Sabe a coisa que eu mais gosto?!..."

SCREVE! SCREVE!

"É escrever aqui grandes segredos!!!"

meu Diário

"Bom... já a coisa que eu mais detesto é..."

"... GENTE ABELHUDA!!"

Ivan Zigg. *O livro do Rex*. Rio de Janeiro: Nova Fronteira, 2013. [Livro eletrônico].

1. Responda de acordo com a história em quadrinhos.

   a) Que saudação a personagem Diná utiliza?
   _____

   b) O que ela mais gosta de fazer?
   _____

   c) Onde a personagem está no início da história?
   _____

   d) Por que será que ela escolheu esse lugar para escrever em seu diário?
   _____
   _____

   e) Para você, qual seria o lugar ideal para escrever em um diário? Por quê?
   _____

2. Observe alguns detalhes da história em quadrinhos.

   a) No quarto quadrinho, por que a palavra **detesto** está sublinhada?
   _____
   _____

   b) No último quadrinho, o que a expressão do rosto da personagem e sua fala indicam?
   _____
   _____

PRODUÇÃO DE TEXTO

Nesta lição, você leu um diário pessoal. Agora, chegou sua vez de escrever uma página de diário.

Planejamento

Relembre um episódio da sua vida que possa ser compartilhado com os colegas da turma, como uma data importante, uma viagem, um susto ou uma grande alegria.

Pense em como esse fato começou, no que aconteceu depois, nas pessoas envolvidas, em seus sentimentos.

Escrita

Relate esse acontecimento na página a seguir, em forma de diário.

Revisão e reescrita

Revise seu texto. Verifique se a grafia das palavras está correta, se você usou letra maiúscula no início das frases e nos nomes próprios, se terminou as frases com um sinal de pontuação.

Troque o texto com um colega. Um vai ler o que o outro escreveu e fazer comentários para melhorar o relato.

Versão final

Quando receber seu texto de volta, faça as modificações necessárias.

Depois, leia seu relato aos colegas da turma.

AMPLIANDO O VOCABULÁRIO

ânimo

(**â**-ni-mo): estado positivo de espírito; alegria, entusiasmo. Exemplo: *"Toda criança tem o direito de tomar 3x ao dia injeções de ânimo."*

besteirologia

(bes-tei-ro-lo-**gi**-a): estudo da arte de fazer rir. Exemplo: *Os Direitos Universais da Criança Hospitalizada foram escritos com muita seriedade e uma pitada de besteirologia pelo Dr. Lui.*

detestar

(de-tes-**tar**): ter uma aversão muito forte a alguma coisa ou a alguém; odiar. Exemplo: *Diná detesta gente abelhuda.*

postagem

(pos-**ta**-gem): texto, imagem ou outro tipo de mídia publicada na internet, geralmente em *sites*, *blogs* ou redes sociais; publicação; *post*. Exemplo: *Os Doutores da Alegria fizeram uma postagem interessante no blog.*

Primeira página do *blog* Doutores da Alegria.

relato

(re-**la**-to): exposição escrita ou oral sobre um acontecimento. Exemplo: *Os alunos fizeram um relato das férias.*

segredo

(se-**gre**-do): algo que ninguém pode saber. Exemplo: *Kika escreve seus segredos no diário.*

LEIA MAIS

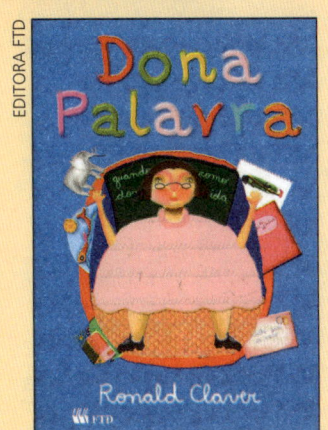

Dona Palavra

Ronald Claver. São Paulo: FTD, 2002.

Nesse livro, a personagem faz uma viagem ao passado ao reencontrar um caderno no qual ela anotava todas as impressões do dia a dia, fazendo uma espécie de diário.

Diário da Julieta: as histórias mais secretas da Menina Maluquinha

Ziraldo. São Paulo: Globo, 2006.

Nesse livro, a personagem Julieta conta seus maiores segredos. Entre as páginas do diário, há também várias histórias em quadrinhos.

Diário da Julieta 3: o *blog* de férias da Menina Maluquinha

Ziraldo. São Paulo: Globo, 2012.

Nesse livro, a personagem Julieta apresenta várias sugestões do que fazer nas férias. Em suas férias, ela criou um *blog* para contar sobre os lugares que visitou. Há páginas desse *blog* no livro, com comentários da turma.

LIÇÃO 12
ROSA FLOR E ROSA COR

VAMOS COMEÇAR!

Leia as quadrinhas.

Rosa flor

Sempre linda e bem-amada,
A rosa é a rainha das flores.
Branca, amarela, encarnada,
Tem as mais variadas cores.

Rosa cor

Ainda mais bela ela fica,
Mais atraente e cheirosa
Quando a flor que desabrocha
Tem pétalas cor-de-rosa.

Sinval Medina e Renata Bueno. *Manga madura não se costura?* São Paulo: Editora do Brasil, 2012.

ESTUDO DO TEXTO

1 Em uma das quadrinhas, a palavra **rosa** faz parte do nome de uma cor. Que cor é essa?

_____

2 Na outra quadrinha, o que se chama **rosa** e não é cor?

_____

3 A palavra **rosa** pode ter outro sentido, além desses que aparecem nas quadrinhas. Que sentido é esse?

_____

_____

4 Ligue as palavras das quadrinhas que terminam com o mesmo som.

bem-amada	cores
flores	cor-de-rosa
cheirosa	encarnada

ESTUDO DA LÍNGUA

Masculino e feminino

Observe.

o rei – **um** rei

o príncipe – **um** príncipe

Rei e **príncipe** são nomes masculinos. Antes de nomes masculinos usamos **o, os, um, uns**.

a rainha – **uma** rainha

a princesa – **uma** princesa

Rainha e **princesa** são nomes femininos. Antes de nomes femininos usamos **a, as, uma, umas**.

ILUSTRAÇÕES: JOSÉ LUIS JUHAS

Veja algumas palavras no masculino e no feminino.

masculino	feminino
papai	mamãe
boi	vaca
pato	pata
cavalo	égua
leão	leoa
moço	moça
menino	menina
autor	autora
homem	mulher
sogro	sogra
ator	atriz
alfaiate	costureira
carneiro	ovelha
cavalheiro	dama
frade	freira
padrasto	madrasta
rei	rainha

masculino	feminino
aluno	aluna
tio	tia
avô	avó
primo	prima
amigo	amiga
neto	neta
padrinho	madrinha
ladrão	ladra
cão	cadela
galo	galinha
irmão	irmã
bode	cabra
cavaleiro	amazona
compadre	comadre
genro	nora
príncipe	princesa
réu	ré

ATIVIDADES

1 Ligue as palavras à ilustração correspondente.

rei

rainha

príncipe

anão

anã

princesa

2 Complete o quadro com as palavras da atividade anterior.

nomes masculinos	nomes femininos

3 Circule as palavras que aparecem antes dos nomes masculinos.

- O rei era bondoso.
- Havia um lobo na floresta.
- Os caçadores encontraram o lobo.
- Branca de Neve entrou na casa onde viviam os anões.

4 Junte-se a dois colegas e leiam as duplas de palavras abaixo, feitas com o masculino e o feminino de alguns nomes.

a) Complete os espaços em branco com (a) ou (o), conforme o exemplo.

o boi	**a** vaca	____ tio	____ tia
____ pato	____ pata	____ avô	____ avó
____ cavalo	____ égua	____ amigo	____ amiga

b) Organize essas palavras nas colunas correspondentes.

palavras no masculino	palavras no feminino

5 Copie a frase abaixo passando as palavras destacadas para o masculino.

    A porca escorregou no chiqueiro e espirrou lama no rabo **da égua**, que o sacudiu e sujou o bico **da galinha** e as penas **da perua**.

_____

_____

6 Escreva antes das palavras:

o ou a	um ou uma

____ mesa   ____ vassoura   ____ trem   ____ sapo

____ casa   ____ Sol   ____ jacaré   ____ onça

____ apito   ____ dia   ____ árvore   ____ moça

7 Releia a quadrinha.

> Sempre linda e bem-amada,
> a rosa é a rainha das flores.
> Branca, amarela, encarnada,
> tem as mais variadas cores.
>
> Sinval Medina e Renata Bueno. *Manga madura não se costura?* São Paulo: Editora do Brasil, 2012.

Escreva uma quadrinha parecida, considerando que a flor é um cravo. Faça as alterações necessárias no texto.

_____

_____

_____

_____

Letras S e SS

1 Copie das quadrinhas da página 186 três palavras em que a letra ⒮ tem som de ⒵.

_____

_____

_____

2 Siga a numeração e escreva as palavras juntando as sílabas.

1 ra	2 po	3 ca	4 vi	5 ga	6 gu	7 li
8 na	9 me	10 sa	11 so	12 co	13 pe	14 ri
15 si	16 go	17 lo	18 ta	19 ro	20 mú	21 va

3, 10 e 12 _____

5, 11, 7 e 8 _____

4, 15 e 18 _____

6, 17 e 11 _____

13, 14, 16 e 11 _____

19 e 10 _____

9 e 10 _____

21 e 11 _____

1, 2 e 10 _____

20, 15 e 3 _____

193

3 Ordene as palavras e escreva as frases.

a) saiu do A casulo borboleta.

_____

b) uma Rosália para foi pousada.

_____

4 Complete as frases de acordo com o modelo.

Maísa estuda. Ela é **estudiosa**.

Gisele tem bondade. Ela é _____.

José faz carinho. Ele é _____.

Teresa tem cuidado. Ela é _____.

5 Leia as palavras.

osso	assobio	assado	sossego
bússola	voasse	pessoa	nosso
vassoura	passeata	passa	passeio
tosse	amassou	massa	passado

6 Ordene as sílabas e forme palavras.

go pês se _____   sa pas do _____

ra vas sou _____   a ta pas se _____

as bi o so _____   la bús so _____

sa mas _____   a so ves _____

194

7 Escreva o nome dos elementos mostrados nas fotos, seguindo a numeração.

1 _____

2 _____

3 _____

4 _____

5 _____

6 _____

8 Forme palavras juntando as sílabas numeradas dos quadrinhos. Faça como no exemplo.

1 as	2 pas	3 na	4 ra	5 fos	6 dei	7 sa	8 si
9 do	10 ri	11 tu	12 mas	13 nho	14 sus	15 mis	16 ta

1, 7 e 9 _assado_   12 e 7 _____

5 e 7 _____   2, 7, 10 e 13 _____

2, 7 e 9 _____   1 e 7 _____

2, 7, 6 e 4 _____ 2 e 7 _____

1, 14, 16 e 9 _____ 1, 8, 3, 11 e 4 _____

195

Na separação das sílabas de uma palavra que tenha **ss**, cada **s** fica em uma sílaba diferente. Veja: tosse: to**s-s**e.

9 Leia as palavras e separe as sílabas.

assa _____   tosse _____

osso _____   passe _____

massa _____   passeio _____

10 Marque V para as informações verdadeiras e F para as falsas.

☐ O **s** no início da palavra tem o mesmo som de **ss**.

☐ Há palavras que terminam com **ss**.

☐ Há palavras que começam com **ss**.

☐ O **ss** só aparece no meio de duas vogais.

☐ O **s** entre vogais tem o som de **z**.

11 Complete as palavras com s ou ss. Depois, copie-as.

____ofá   lápi____   va____oura

_____ _____ _____

a____ado   ____audade   óculo____

_____ _____ _____

____apo   ____aco   to____e

_____ _____ _____

UM TEXTO PUXA OUTRO

Acompanhe a leitura do texto.

Por que os flamingos são cor-de-rosa e laranja?

Os flamingos obtêm suas cores das algas que comem. Algas são plantas que vivem em quase todos os lugares da Terra. As algas que os flamingos comem têm caroteno, que colore as coisas de laranja e cor-de-rosa.

Os bebês flamingo são cinzentos. Eles se tornam cor-de-rosa quando passam a comer algas. Flamingos que não comem algas são brancos.

Amy Shields. *Meu primeiro grande livro dos porquês*. Trad. Mathias de Abreu Lima Filho. Barueri: Girassol, 2011.

1 Marque um **X** nas informações verdadeiras.

☐ Os flamingos são cor-de-rosa porque comem algas que contém caroteno.

☐ Os flamingos nascem cor-de-rosa.

☐ Os flamingos que não comem algas são brancos.

☐ Os flamingos que não comem algas são cinzentos.

☐ Os bebês flamingo são cinzentos.

PRODUÇÃO DE TEXTO

O gráfico abaixo mostra o resultado de uma pesquisa feita em uma sala de aula do 2º ano para descobrir a cor preferida dos alunos da turma.

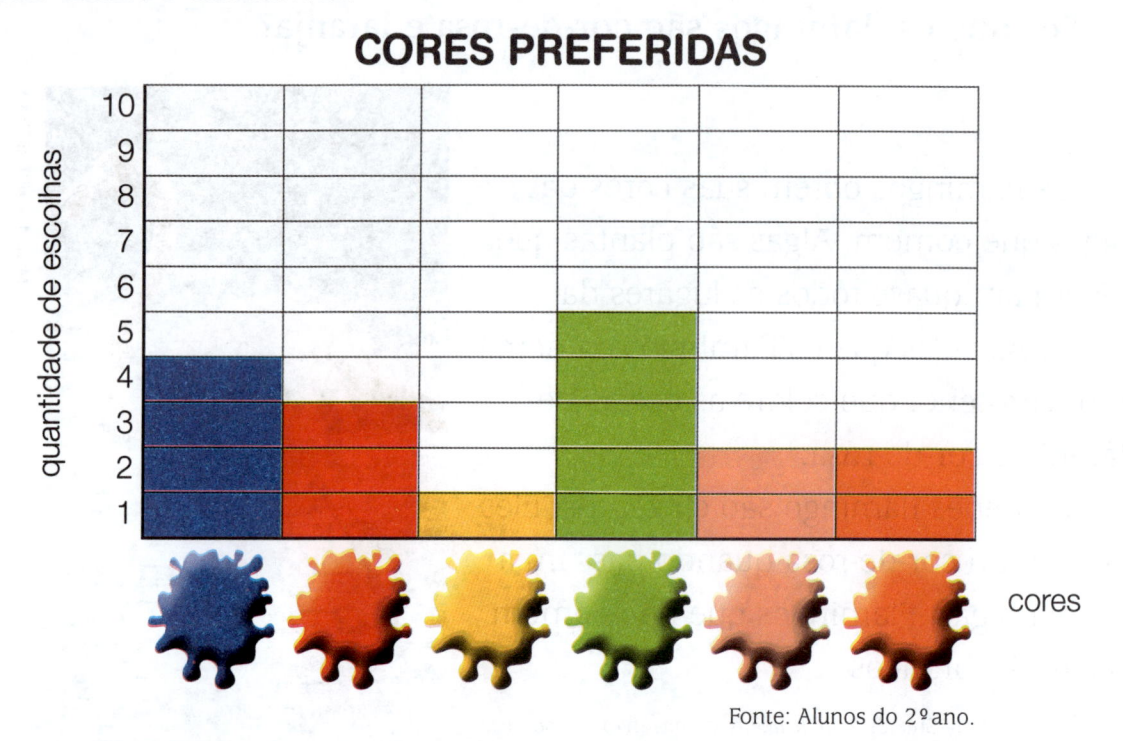

CORES PREFERIDAS

Fonte: Alunos do 2º ano.

Converse com os colegas sobre o gráfico.
- Qual é a cor preferida dessa turma?
- Quantos alunos escolheram essa cor?
- Qual foi a cor menos votada?
- Que cores tiveram a mesma quantidade de escolhas?

Planejamento

Você sabe qual é a cor preferida dos alunos da sua turma?

Faça uma pesquisa em sua sala de aula para descobrir.

Fale para o professor e os colegas qual das cores do gráfico é a sua preferida.

Marque um | para cada escolha feita.

Organize as informações dos quadros na tabela abaixo.

cor	quantidade de escolhas
🔵	
🔴	
🟡	
🟢	
🌸	
🟠	

199

Organize um gráfico com as informações da tabela.

CORES PREFERIDAS

quantidade de escolhas

10
9
8
7
6
5
4
3
2
1

cores

Analise o gráfico e responda.

a) Qual é a cor preferida da sua turma? _____

b) Quantos alunos escolheram essa cor? _____

c) Qual foi a cor menos votada? _____

d) Há cores com a mesma quantidade de votos? Quais?
_____

Escrita

Agora que você e seus colegas já sabem qual é a cor preferida na turma, criem juntos uma quadrinha sobre essa cor. Para isso, pensem em animais, plantas, objetos, alimentos que tenham essa cor. Escreva a quadrinha no espaço abaixo.

_____
_____
_____

AMPLIANDO O VOCABULÁRIO

caroteno

(ca-ro-**te**-no): substância responsável pelas cores amarela, vermelha e alaranjada de frutas, vegetais, algas, gema de ovo.

desabrocha

(de-sa-**bro**-cha): abre.

encarnada

(en-car-**na**-da): cor da carne, vermelha.

LEIA MAIS

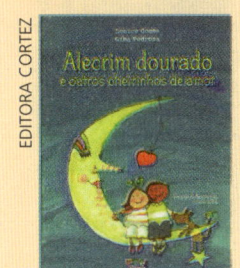

Alecrim dourado e outros cheirinhos de amor

Lenice Gomes e Giba Pedroza. São Paulo: Cortez, 2011.

A obra é feita de quadrinhas que conduzem leitores a uma fascinante viagem pelo mundo da poesia.

Manga madura não se costura?

Sinval Medina e Renata Bueno. São Paulo: Editora do Brasil, 2012.

Esse livro apresenta várias quadrinhas que brincam com os diferentes sentidos das palavras.

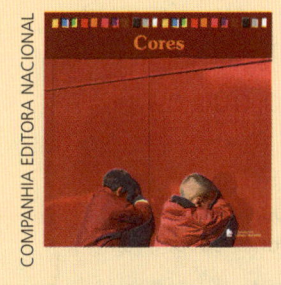

Cores

Adriana Candel. São Paulo: Companhia Editora Nacional, 2009.

Esse livro apresenta muitas cores que encontramos ao nosso redor.

ORGANIZANDO CONHECIMENTOS

1 Leia os trechos a seguir. Depois, numere-os de acordo com a legenda.

A quadrinha **B** diário **C** reportagem

Qual é o melhor horário para ir à escola?

As aulas no período da manhã costumam começar às 7 horas. Para chegar a tempo e dar conta das provas e aulas, é preciso acordar cedo – o que pode ser visto como uma vantagem ou um grande problema. [...]

Joanna Cataldo. *Joca*, ed. 110, abr. 2018. p. 3.

Ninguém viu o que eu vi hoje
Lá na porta de uma venda:
Um macaco no balcão
E uma barata fazendo renda.

Domínio público.

Terça-feira

Não sei se já falei isso antes, mas eu sou SUPERBOM no videogame. Aposto que, no mano a mano, eu venceria qualquer um da minha turma.

Infelizmente, o papai não dá muito valor às minhas habilidades. Ele está sempre no meu pé, querendo que eu saia e faça alguma coisa "ativa".

Jeff Kinney. *Diário de um banana*: um romance em quadrinhos. Cotia, SP: Vergara & Riba Editoras, 2008. p. 24.

2 Localize nos textos da página anterior e escreva palavras:

a) no singular: _____

b) no plural: _____

c) no masculino: _____

d) no feminino: _____

3 Encontre no diagrama o nome dos animais mostrados nas imagens.

```
T A R T A R U G A S
P E I X E C Y X V D
B F L B I S L U L A
A F O C A S J M T E
L Z P I N G U I N S
E G E A O A W Q G P
I P G O L F I N H O
A D T U B A R Ã O B
```

- Complete o quadro com os nomes de animais que você encontrou no diagrama. Antes de cada nome, escreva **o**, **a**, **os** ou **as**. Veja o exemplo.

feminino	a lula,
masculino	

203

4 Encontre o nome de cada figura no diagrama.

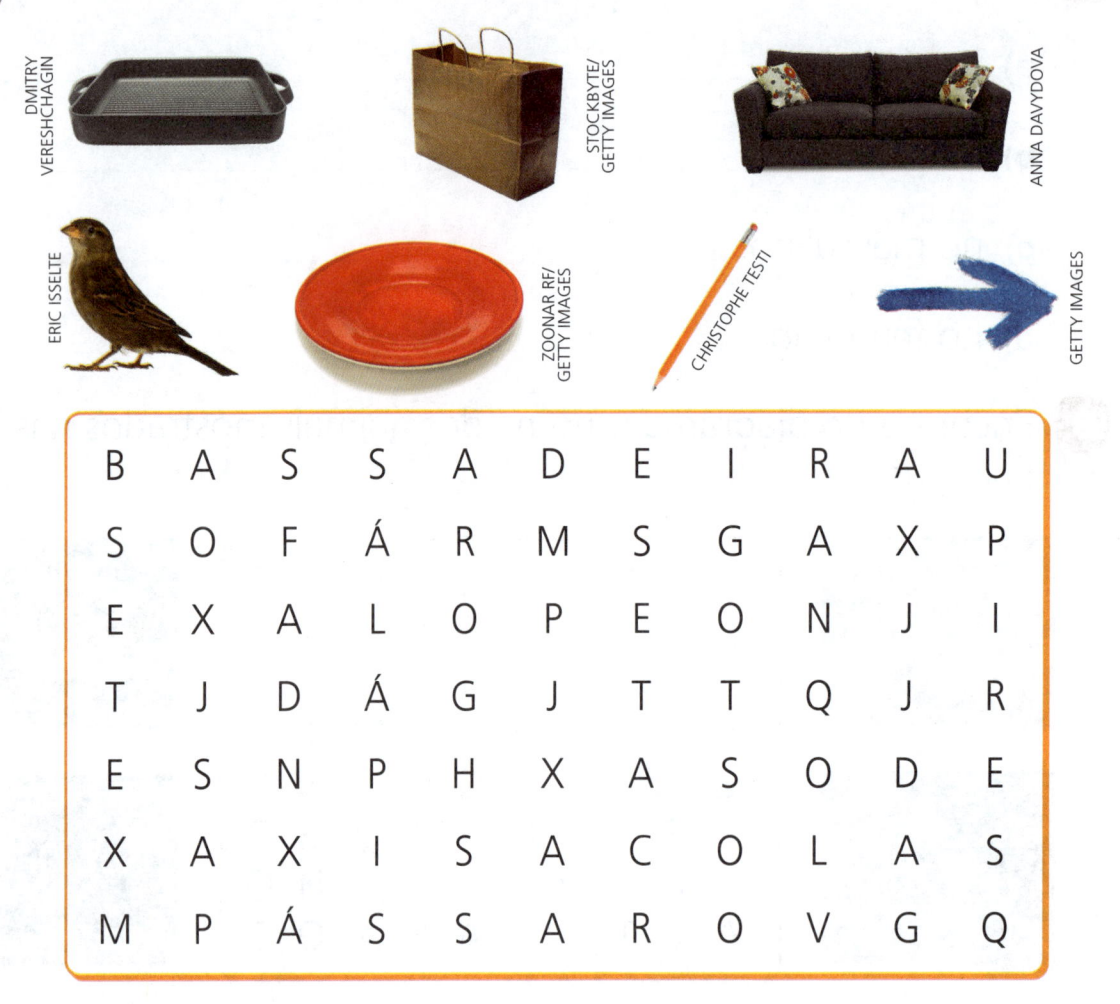

B	A	S	S	A	D	E	I	R	A	U
S	O	F	Á	R	M	S	G	A	X	P
E	X	A	L	O	P	E	O	N	J	I
T	J	D	Á	G	J	T	T	Q	J	R
E	S	N	P	H	X	A	S	O	D	E
X	A	X	I	S	A	C	O	L	A	S
M	P	Á	S	S	A	R	O	V	G	Q

5 Agora, copie as palavras da atividade anterior nas colunas corretas. Complete os espaços que sobraram com outras palavras que você conhece.

s no início da palavra	s final no final da palavra	ss

6 Encontre o nome dos animais no diagrama.

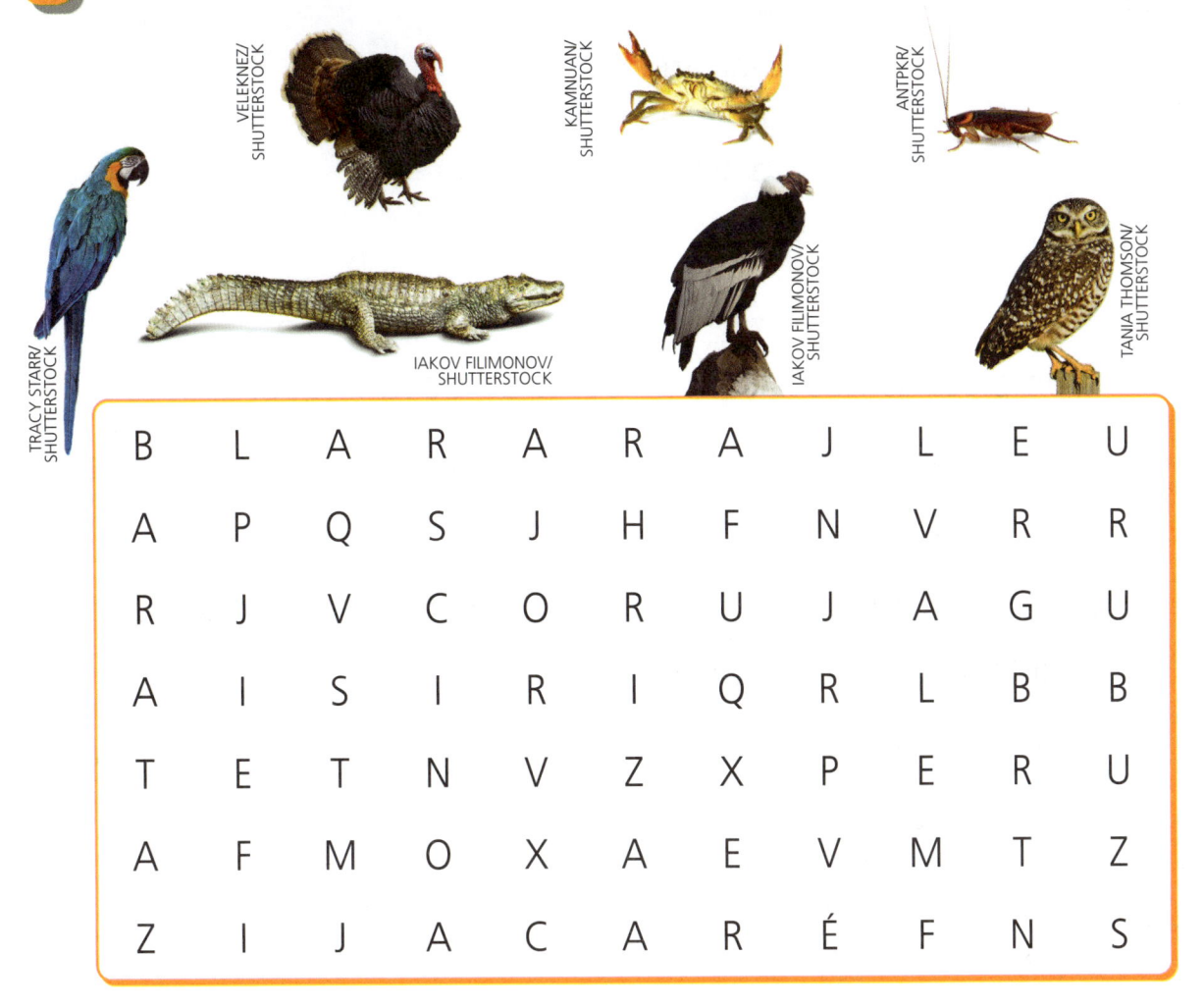

B	L	A	R	A	R	A	J	L	E	U
A	P	Q	S	J	H	F	N	V	R	R
R	J	V	C	O	R	U	J	A	G	U
A	I	S	I	R	I	Q	R	L	B	B
T	E	T	N	V	Z	X	P	E	R	U
A	F	M	O	X	A	E	V	M	T	Z
Z	I	J	A	C	A	R	É	F	N	S

7 Coloque as palavras nas colunas corretas.

amarelo   barriga   robô   moreno   barraca   rede
caramelo   arara   carrossel   carroça   ratinho   roupa

r inicial	rr	r entre vogais

205

8 Leia este trava-língua.

> A aranha arranha a rã.
> A rã arranha a aranha.
> Nem a aranha arranha a rã
> Nem a rã arranha a aranha.
>
> Domínio público.

Complete as frases com palavras do trava-língua.

a) Na palavra _____, a letra **r** está no início e tem som forte.

b) Na palavra _____, o encontro **rr** não está no início e tem som forte.

c) Na palavra _____, a letra **r** está entre vogais e tem som fraco.

9 Complete o nome das figuras. Depois, reescreva cada um separando as sílabas.

d____   cap____   cart____

nar____   n____   g____

10 Faça como no modelo.

jaca   jaquinha

boca _____   foca _____

boneca _____   barco _____

caneca _____   coco _____

macaco _____   bico _____

11 Escolha uma palavra da atividade anterior e forme uma frase com ela.

_____

_____

_____

_____

12 Complete as palavras das frases com c ou qu.

a) Minha amiguinha comprou _____eijo e geleia.

b) O mole_____e corria pela _____alçada.

c) O menino ganhou um bar_____inho bran_____inho.

d) Quando chegamos, o lugar já estava o_____upado.

e) Papai foi fazer o depósito do che_____e do aluguel da _____asa.

LIÇÃO 13 — POLUIÇÃO DOS OCEANOS

VAMOS COMEÇAR!

Leia o título do texto a seguir e observe que ele faz uma pergunta. Você sabe responder a essa pergunta? Acompanhe a leitura do professor.

Por que alguns animais marinhos comem lixo?

A poluição dos oceanos já não é mais novidade. Pior do que saber disso é descobrir que alguns animais marinhos comem lixo. A explicação é simples: além de detritos despejados diretamente por algumas embarcações, o lixo jogado nas ruas acaba sendo arrastado pelas chuvas, indo parar nos rios, que sempre desembocam no mar. Aí, todo esse material impróprio – o lixo! – pode passar a ser "comida" de tartarugas marinhas, peixes, golfinhos e pinguins.

Hoje, nenhum oceano do mundo é considerado limpo.
Até nas águas congelantes da Antártida pesquisadores já encontraram plástico e outras sujeiras. As tartarugas marinhas, provavelmente, são as que mais sofrem com a poluição dos oceanos. Elas viajam por longas distâncias e, com seu casco resistente,

⬇

conseguem se livrar de muitos predadores. Depois do acasalamento, retornam às praias onde nasceram para depositarem seus ovos. Nesse percurso, elas se alimentam de peixes, camarões, águas-vivas e... Plástico!

    Na verdade, as tartarugas costumam confundir sacolas plásticas flutuantes com águas-vivas, suas presas favoritas – elas ainda comem pequenos pedaços de plástico que boiam entre as algas marinhas, seres de que também se alimentam.

    O material ingerido acidentalmente vai parar no estômago desses animais, atrapalhando a digestão e, por vezes, os levando à morte.

    Cientistas do mundo inteiro tentam encontrar meios de reduzir o grave problema que é a poluição marinha e de proteger os animais que vivem nos oceanos. Um caminho importante é conscientizar as pessoas a darem o destino adequado ao lixo que produzem.

    O ideal é que tudo aquilo que não serve mais seja separado por categoria – plástico, papel, vidro, metal e matéria orgânica – e destinado ao recolhimento por parte das empresas de limpeza urbana.

    Evitar o uso de sacolas plásticas também pode ajudar.

    Se você entendeu como pode contribuir em terra para evitar poluir as águas e puder passar estas informações adiante, já estará fazendo um bem enorme aos oceanos e aos animais cuja vida depende deles.

<small>Gustavo F. de Carvalho-Souza e Daniele de A. Miranda. Por que alguns animais marinhos comem lixo? Revista *Ciência Hoje das Crianças*, ano 25, n. 232, p. 12, mar. 2012.</small>

ESTUDO DO TEXTO

1 Marque com um **X** as respostas corretas.

a) Qual é o assunto principal do texto?

☐ A poluição dos oceanos.

☐ As tartarugas marinhas.

b) Com que finalidade esse texto foi escrito?

☐ Transmitir conhecimentos científicos.

☐ Contar uma história.

c) Onde o texto foi publicado?

☐ Em um suplemento infantil de jornal.

☐ Em uma revista de divulgação científica para crianças.

> O texto que você leu é um **artigo de divulgação científica**. Textos como esse costumam ser escritos por cientistas, pesquisadores ou jornalistas com o objetivo de repassar determinado conhecimento ao público em geral. Eles se caracterizam por apresentar informações objetivas e, em geral, são publicados em revistas, jornais e *sites*.

2 Depois de ler o texto, escreva por que alguns animais marinhos comem lixo.

_____

_____

_____

3 Releia este trecho do texto.

> As tartarugas marinhas, provavelmente, são as que mais sofrem com a poluição dos oceanos.

Explique por que isso acontece.

_____

_____

_____

_____

_____

_____

4 Releia este trecho do artigo.

> Cientistas do mundo inteiro tentam encontrar meios de reduzir o grave problema que é a poluição marinha e de proteger os animais que vivem nos oceanos.

💬 O que você acha que é possível fazer para resolver esse grave problema? Converse com os colegas e o professor e dê sua opinião.

5 Ligue cada material à lixeira em que ele deve ser descartado.

6 Pinte apenas as cenas que mostram o que podemos fazer para evitar a poluição das águas. Depois, converse com os colegas sobre o que cada pessoa está fazendo.

ESTUDO DA LÍNGUA

Sinônimos

Leia estas palavras.

Cientistas do mundo inteiro tentam encontrar meios de **reduzir** o grave problema que é a poluição marinha.

Cientistas do mundo inteiro tentam encontrar meios de **diminuir** o grave problema que é a poluição marinha.

As palavras destacadas nas frases acima têm o mesmo significado. Elas são sinônimas.

Sinônimos são palavras que possuem o mesmo significado ou significado parecido.

Veja algumas palavras e seus sinônimos.

lindo	belo	guloso	comilão
morar	residir	corajoso	valente
gostosa	saborosa	pular	saltar
garota	menina	contente	alegre
pacote	embrulho	auxiliar	ajudar
depressa	rápido	macio	suave
rir	sorrir	caminhar	andar
levado	arteiro	quieto	calado
certo	correto	muito	bastante
começo	início	lenta	vagarosa
veloz	rápido	surgiu	apareceu

213

ATIVIDADES

1 Releia este trecho do artigo.

> [...] além de detritos despejados diretamente por algumas embarcações, o lixo jogado nas ruas acaba sendo arrastado pelas chuvas, indo parar nos rios, que sempre desembocam no mar.

Ligue os sinônimos.

detritos	desaguam
jogado	lixo
desembocam	despejado

2 Com ajuda do professor, copie as frases trocando as palavras destacadas por sinônimos.

a) Um caminho importante é conscientizar as pessoas a darem o destino **adequado** ao lixo que produzem.

_____
_____
_____

b) O lixo jogado nas ruas acaba sendo **arrastado** pelas chuvas.

_____
_____
_____

3 Numere a segunda coluna de acordo com a primeira.

1 auxiliar
2 pacote
3 macio
4 música
5 corajoso
6 inteligente

( ) valente
( ) suave
( ) sábio
( ) canção
( ) ajudar
( ) embrulho

4 Complete o diagrama com os sinônimos de:

1 morada
2 começo
3 caminhar
4 colocar
5 garoto
6 guloso
7 professor
8 saborosa

1 ☐ ☐ **S** ☐
2 ☐ **I** ☐ ☐ ☐ ☐ ☐
3 ☐ **N** ☐ ☐ ☐
4 ☐ **Ô** ☐
5 ☐ ☐ **N** ☐ ☐ ☐
6 ☐ ☐ ☐ **I** ☐ ☐ ☐
7 **M** ☐ ☐ ☐ ☐ ☐
8 ☐ **O** ☐ ☐ ☐ ☐ ☐

215

Antônimos

Poluir e **despoluir** têm sentidos contrários.

As palavras que têm significados contrários são chamadas **antônimos**.

Veja algumas palavras e seus antônimos.

bom	mau
gordo	magro
grosso	fino
grande	pequeno
comprido	curto
alto	baixo
depressa	devagar
abrir	fechar
bravo	manso
alegre	triste

comprar	vender
bondoso	maldoso
igual	diferente
amor	ódio
bonito	feio
acender	apagar
rico	pobre
calmo	nervoso
duro	mole
estreito	largo

216

1 Copie as frases trocando as palavras destacadas por outras de sentido oposto.

a) O céu está **claro**.

___

b) As estrelas parecem tão **distantes**.

___

c) Na praia são **muitos** os grãos de areia.

___

d) Muitas estrelas parecem **pequenas**.

___

e) Daniela ficou **alegre** quando olhou para o céu.

___

2 Siga as setas e complete os espaços com os antônimos das palavras.

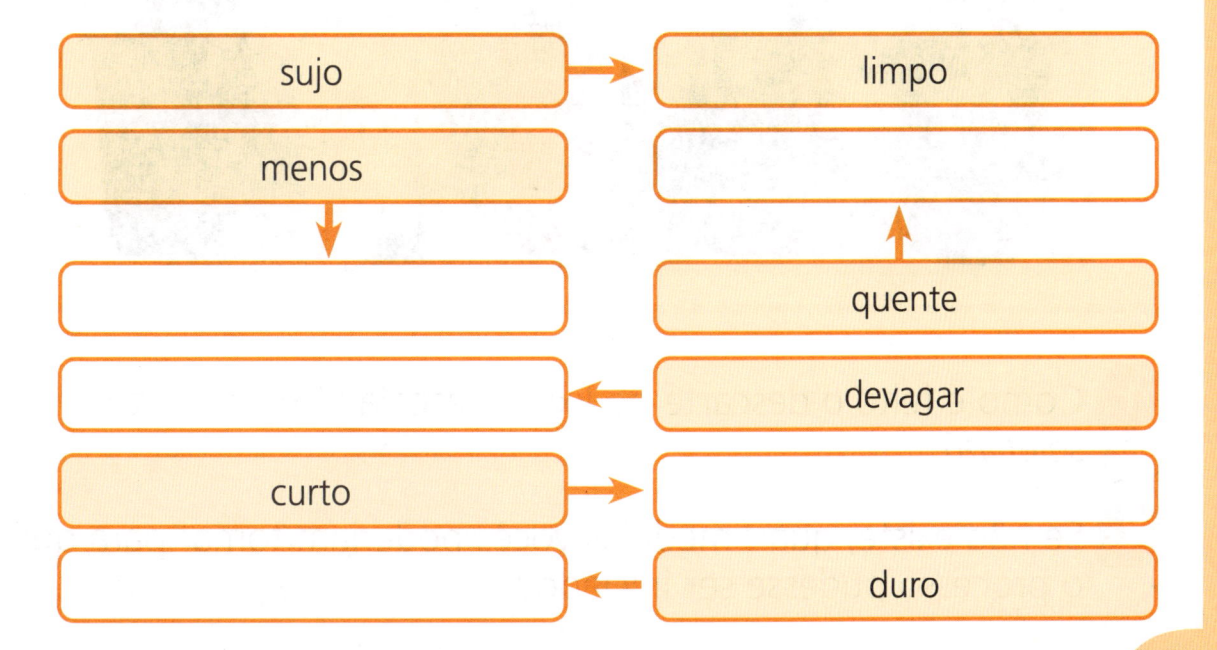

sujo	→	limpo
menos		
		quente
	←	devagar
curto	→	
	←	duro

UM TEXTO PUXA OUTRO

Acompanhe a leitura do professor.

Aprendendo a reciclar

Cada material é reciclado de maneira diferente, por isso é importante que o lixo seja separado. É a chamada **coleta seletiva**.

Nela, usamos lixeiras coloridas.

A azul recebe papel e papelão; na verde, são jogados os vidros; na amarela, apenas os metais; e na vermelha, só os plásticos.

Esse código de cores é reconhecido no mundo todo.

Em casa, você pode separar o lixo em sacos diferentes, ou transformar baldes coloridos em lixeiras como essas!

Só não se esqueça de enxaguar os potes e garrafas antes de depositá-los na lixeira. Isso facilita o processo de reciclagem.

Naiara Raggiotti. *Mini Larousse da reciclagem*. São Paulo: Larousse do Brasil, 2006.

1. Como é feito o descarte do lixo na escola? Existe coleta seletiva?

2. Se não existe, quais medidas vocês poderiam tomar para que o processo pudesse ser iniciado?

218

PRODUÇÃO DE TEXTO

A água é muito importante para todos nós.
Vamos passar essa informação adiante, escrevendo cartazes com dicas de economia de água para afixar nos murais da escola?

Preparação

Acompanhe a leitura de algumas dicas do que você pode fazer em casa para economizar água.

Na cozinha

Limpe os pratos e panelas antes de lavá-los, jogando os restos de comida no lixo.

Só ligue a lava-louças quando estiver completamente cheia.

Encha a pia com água e detergente até a metade e coloque a louça. Deixe-a de molho por uns minutos e ensaboe. Repita o processo e enxágue.

No banheiro

Feche a torneira ao escovar os dentes. Você economizará de 12 a 80 litros de água.

Não tome banhos demorados.

Descarga consome muita água. Não use à toa.

Não utilize o vaso sanitário como lixeira. Acionar a descarga por seis segundos consome de 6 a 10 litros de água.

Na lavanderia

Deixe a roupa acumular e lave tudo de uma só vez.

No tanque, feche a torneira enquanto ensaboa e esfrega a roupa.

Só use a máquina de lavar completamente cheia. Uma lavadora de cinco quilos consome 135 litros de água a cada uso.

No jardim, no quintal e na calçada

Não lave o carro com mangueira. Use balde e pano.

Usar a mangueira como "vassoura" por 15 minutos pode desperdiçar cerca de 280 litros de água.

Regue as plantas pela manhã ou à noite para evitar o desperdício causado pela evaporação.

Adaptado de: Sabesp (Companhia de Saneamento Básico do Estado de São Paulo); Bruno Molinero e Gabriela Valdanha. Feche a torneira! *Folha de S.Paulo*, São Paulo, 15 mar. 2014. Folhinha.

Convide seus familiares a reler o texto com você e pinte as gotinhas com as dicas de economia praticadas em sua moradia.

Criação

Veja alguns cartazes elaborados por alunos do 2º ano.

O professor vai organizar a turma em pequenos grupos.

- Planeje com os colegas do grupo qual será a mensagem do cartaz e como ele será ilustrado.
- Façam um rascunho em uma folha de papel.
- Usem frases curtas e letras grandes para facilitar a leitura.

Revisão

Mostrem o rascunho do cartaz ao professor e aos colegas dos outros grupos. Eles também poderão dar dicas para melhorá-lo.

Depois, passem a limpo em uma folha de papel de tamanho grande.

Combinem com o professor onde os cartazes serão expostos.

AMPLIANDO O VOCABULÁRIO

acasalamento:

(a-ca-sa-la-**men**-to): união de macho e fêmea da mesma espécie para gerar um novo ser.

Antártida

(An-**tár**-ti-da): continente mais frio do planeta, coberto por gelo.

desembocam

(de-sem-**bo**-cam): terminam o curso, desaguam.

detritos

(de-**tri**-tos): restos de qualquer substância.

matéria orgânica

(ma-**té**-ria or-**gâ**-ni-ca): sobras de alimentos.

LEIA MAIS

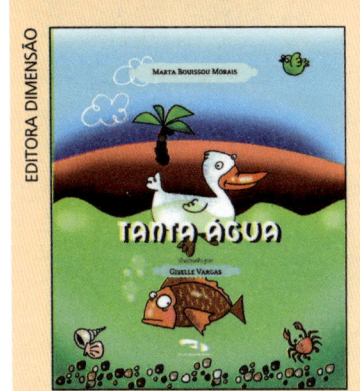

Tanta água

Marta Bouissou Morais. Belo Horizonte: Dimensão, 2012.

Esse livro apresenta várias informações sobre a água, além de alertar os leitores sobre a importância de preservá-la.

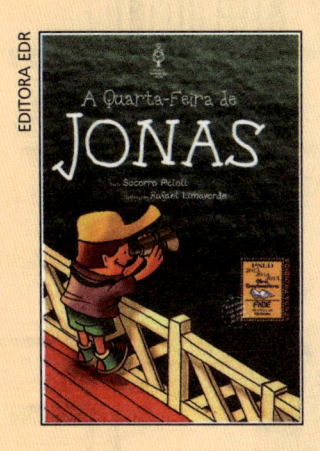

A quarta-feira de Jonas

Socorro Acioli. Fortaleza: EDR, 2010.

Nesse livro, o menino Jonas torna-se amigo de uma família de golfinhos. O leitor vai conhecer a importância de preservar os ambientes para a sobrevivência dos animais.

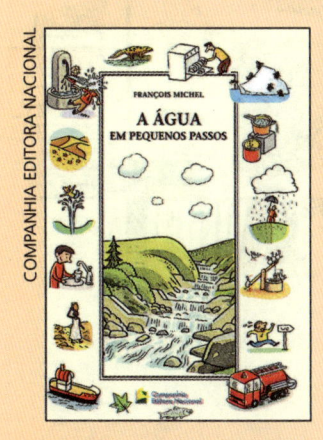

A água em pequenos passos

François Michel. São Paulo: Companhia Editora Nacional, 2011.

Esse livro ajuda a conhecer melhor a água para evitar sua poluição.

LIÇÃO 14

O MENINO QUE VENDIA PALAVRAS

VAMOS COMEÇAR!

Leia o título do texto a seguir. Do que você acha que ele vai tratar?

Projeto Iurupari – Grupo de teatro da Ufopa apresenta o espetáculo infantil "O menino que vendia palavras"

[...]

Sobre a proposta

O Núcleo de Crianças e Adolescentes, dentro do Projeto Iurupari – Grupo de Teatro, começou a montagem do espetáculo "O menino que vendia palavras" [...], baseado na obra de Ignácio de Loyola Brandão com o mesmo título, que conta a breve história de um menino fascinado pela *expertise* [experiência] do pai em saber significados de muitas palavras.

Imagem de divulgação do espetáculo teatral "O menino que vendia palavras".

Com isso, ele desperta interesses de amigos para que dialogue com o pai os significados de diversas palavras. A partir de então, surge no menino a ideia vender palavras, ou melhor, trocar os significados por algo que lhe convém. O espetáculo traz à tona a dinâmica das crianças com as interpretações a partir da leitura do livro [...].

Sinopse

A montagem cênica foi feita a partir de jogos teatrais e dramatúrgicos que envolviam cantigas de roda, brincadeiras infantis e disposição das próprias crianças em executar o processo teatral, que vem como proposta de resultado do Núcleo de Crianças e Adolescentes, dentro do Projeto de Extensão Iurupari – Grupo de Teatro, na Ufopa.

A direção do espetáculo é de Jéssica Miranda e Amaury Caldeira. O elenco, composto pelos atores: Alanna Diene, Alice Conceição, Amaury Caldeira, Bruna Yasmim, Camille Vitoria, João Vitor, Márcia Laís. O gênero da proposta é infantil, com duração de aproximadamente 40 minutos e a classificação é livre.

Fonte: Iurupari. Disponível em: http://iurupari.blogspot.com/2017/. Acesso em: 20 jun. 2022.

ESTUDO DO TEXTO

1 Para que o texto foi escrito?

_____

_____

2 Observe a imagem que acompanha o texto e responda.

a) Que peça de teatro será apresentada?

_____

_____

b) Quando e onde será feita a apresentação?

_____

_____

c) Que instituição fez a divulgação desse espetáculo?

_____

_____

d) É necessário comprar um ingresso para assistir ao espetáculo? O que você observou para responder?

_____

_____

_____

e) Você sabe o que significa o símbolo **L** que aparece na imagem?

_____

_____

_____

f) Você acha que a imagem de divulgação no cartaz é importante para convencer o possível espectador a assistir à peça? Por quê?

_____

_____

3 A peça de teatro foi baseada em uma obra.

    a) Que obra é essa?

_____

_____

    b) De qual autor?

_____

4 Você está lendo algum livro atualmente? Caso esteja, conte aos colegas qual é o título desse livro, quem é o autor e do que ele trata.

5 Releia a sinopse.

    a) Quais expressões da sinopse estão relacionadas ao teatro?

_____

_____

_____

_____

    b) Que informações sobre a peça são divulgadas na sinopse?

_____

_____

_____

_____

_____

UM TEXTO PUXA OUTRO

Será que existe alguém que conhece o sentido de todas as palavras? Vamos ler uma parte do livro *O menino que vendia palavras* para descobrir.

[...]
Chegavam provocando:
— Vê lá se o seu pai sabe essa! Sabe nada!
— Qual?
— **Incompatível**.
Eu corria para casa:
— Pai, o que é incompatível?
Ele, na hora:
— É uma coisa que não combina com outra.
Orgulhoso, eu levava de volta. Os meninos não acreditavam.
— Ele foi olhar no livro. Assim até o meu pai sabe!
— Não olhou em livro nenhum.
— Então, leva a gente lá, a gente quer tirar a prova.

Depois de tantos meses, tive de combinar com meu pai, marquei o encontro com a turma. Meu pai ria da desconfiança dos meus amigos. Era um homem bem-humorado, sempre alegre, sabia todas as palavras. No dia marcado, foram cinco, cada um com uma listinha. Acho que falaram com os pais, pediram à professora Lourdes para ajudar.

— O que é **lunático**?
— Um sujeito meio louco ou alguém que vive no mundo da lua, desligado, pode ser distraído também.

– E **degringolada**?

– É quando as coisas vão por água abaixo.

– **Matula**. Essa o senhor sabe?

– É um embornal, um alforje.

– **Alforje**? O que é isso?

– O mesmo que matula.

Era difícil pegar meu pai, ele saía de fino. A turma perguntou mais de vinte palavras, ele matou todas de primeira. Soube até o que era procrastinar, que o Vilmo levou e nem sabia pronunciar, precisou ler três vezes. [...]

Os meninos foram embora e perguntei:

– Como o senhor conhece tantas palavras?

– Você não me vê sempre lendo? Assim vou aprendendo palavras.

– É bom isso?

– Quanto mais palavras você conhece e usa, mais fácil fica a vida.

– Por quê?

– Vai saber conversar, explicar as coisas, orientar os outros, conquistar pessoas, fazer melhor o trabalho, arranjar um aumento com o chefe, progredir na vida, entender todas as histórias que lê [...]

Eu dizia para todo mundo:

"Meu pai é o homem mais inteligente do bairro."

Ignácio de Loyola Brandão. *O menino que vendia palavras*. São Paulo: Companhia das Letrinhas, 2016. p. 8-12, 18.

1. Procure uma palavra pouco usada em seu dia a dia para brincar de desafiar os colegas a descobrir o significado dela. Lembre-se de consultar o dicionário, com a ajuda do professor, e escrever o(s) significado(s) dessa palavra em uma folha de papel para confirmar as respostas dos colegas.

ESTUDO DA LÍNGUA

Dicionário

Observe as capas destes livros.

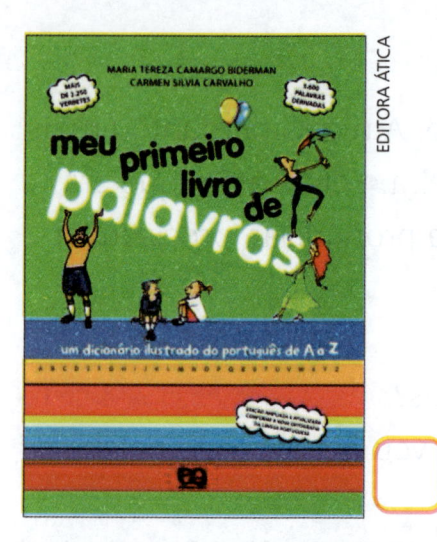

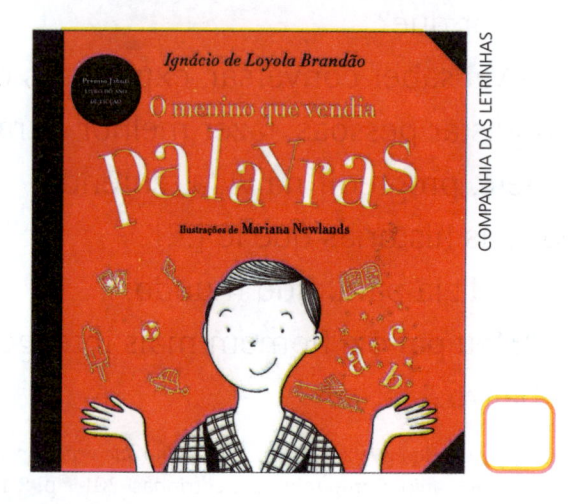

1. Marque um **X** nas capas de dicionários.

2. Se você tivesse que explicar para a turma do 1º ano o que é um dicionário, o que escreveria?

_____

_____

230

3 Nos dicionários, encontramos os significados das palavras. Observe uma página de dicionário.

---

xerife xixi

XERIFE *substantivo masculino*
Chefe de polícia, nas cidades dos Estados Unidos.

XEROX *substantivo feminino*
Máquina que faz cópias de textos e figuras em papel por um processo elétrico e luminoso, a xerografia.
➙ A cópia que se consegue com essa máquina.
➙ Copiar, imprimir

XÍCARA *substantivo feminino*
Pequena vasilha com asa para servir café, chá, chocolate.

A Lebre pegou o relógio da mão do Chapeleiro e meteu-o na xícara de chá.
Alice no País das Maravilhas, Lewis Carroll.

XINGAR *verbo*
Dizer palavrões ou agredir alguém com palavras.
➙ Palavrão

XIXI *substantivo masculino*
Líquido formado por tudo aquilo que o corpo não consegue aproveitar e que depois é eliminado.
➙ Urina, pipi
P. 84

COMPANHIA EDITORA NACIONAL

Nelly Novaes Coelho. *Primeiro dicionário escolar*: Língua Portuguesa. São Paulo: Companhia Editora Nacional, 2008. p. 290.

O conjunto das informações sobre uma palavra que aparece em dicionários e enciclopédias chama-se **verbete**.

231

Agora, faça o que se pede.

a) Na página de dicionário que você observou, com que letra as palavras começam?

_____

b) A página reproduzida no livro está no começo, no meio ou no fim do dicionário?

_____

c) Copie as palavras destacadas no início de cada quadro.

_____

d) As palavras estão em ordem alfabética? O que você observou para responder?

_____

_____

e) Copie a primeira e a última palavra da página de dicionário.

_____

f) Copie a explicação da palavra **xícara**.

_____

g) Que exemplo de uso da palavra **xícara** aparece nesse dicionário?

_____

_____

H inicial, LH, CH, NH

1 Procure algumas palavras no trecho do livro *O menino que vendia palavras* e preencha o quadro abaixo.

h no início	nh	ch	lh

2 No caderno, faça um quadro igual ao da atividade 1. Pesquise outras palavras escritas com **h** inicial, **nh**, **ch** e **lh** em jornais e revistas e copie-as no quadro que você fez. Depois, leia para os colegas as palavras que você escreveu.

3 Observe as palavras que você escreveu nas atividades 1 e 2. Marque a resposta correta:

a) Logo depois do **h** inicial vem sempre:

☐ uma vogal.

☐ uma consoante.

b) Quando o **h** está no meio da palavra, as letras que aparecem imediatamente antes dele são:

☐ as consoantes **c**, **l** e **n**.

☐ as vogais.

233

c) Se o **h** fosse retirado das palavras da segunda, terceira e quarta colunas, da atividade 1 da página 233, a pronúncia:

☐ mudaria completamente.

☐ continuaria a mesma.

4 Acrescente a letra **h** nas palavras e forme outras.

bola – _____   galo – _____

fila – _____   falou – _____

tela – _____   pino – _____

mina – _____   cão – _____

cama – _____   lance – _____

bico – _____   fica – _____

bola – _____   sono – _____

caco – _____   vela – _____

mala – _____   cocada – _____

> Quando você acrescentou a letra **h** nas palavras, elas mudaram de som e de significado.

5 Complete as frases com uma das palavras dos parênteses.

a) Meu cabelo está cheio de _____. (cachos – cacos)

b) Esqueci de comprar a _____ para o bolo. (vela – velha)

c) Essa boneca é _____. (mina – minha)

6 Observe as sílabas iguais de cada dupla de palavras. Depois, complete os quadrinhos.

a) galinha – vizinha

nha

b) ramalhete – bilhete

c) canhoto – minhoca

d) chocalho – chocolate

Palavras com IM- e IN-

1 Procure no trecho do livro *O menino que vendia palavras* duas palavras que começam com **in-**.

_____

• Em qual delas o **in-** indica que a palavra é o contrário de outra?

_____

2 Leia estas palavras.

improdutivo	imundo	incapaz
impróprio	imunidade	incêndio
improvisar	inalação	incentivar
impulso	inaugurar	incerteza

a) Circule a primeira sílaba de cada palavra. Depois, copie nos quadros as palavras que começam com **im** e **in**.

palavras com im-	palavras com in-

b) Pinte as palavras escritas no quadro que são o contrário de:

| certeza | próprio |
| capaz | produtivo |

PRODUÇÃO DE TEXTO

Preparação

Chegou a hora de escrever com seus colegas indicações literárias para montar um pequeno catálogo de livros. Esse material poderá ser deixado na biblioteca da escola para que outros alunos leiam e se interessem pela leitura dos livros selecionados por vocês.

Para começar, pense em um livro que você leu e do qual gostou muito.

Em uma roda de conversa, conte aos colegas o nome do livro escolhido e os motivos que o fizeram gostar desse livro.

Planejamento e escrita

Nas linhas a seguir, escreva a primeira versão da sua indicação literária, fazendo um resumo da história, incluindo sua experiência de leitura (por que indica) sem revelar o final. Lembre-se de que é importante fazer o leitor ficar com vontade de ler o livro.

_____

_____

_____

_____

Revisão e reescrita

Verifique se você escreveu tudo o que o leitor precisa saber sobre o livro.

Confira também se você:
- usou letra maiúscula no início das frases;
- colocou sinal de pontuação no final das frases;
- escreveu corretamente todas as palavras;
- escreveu de modo que sua letra possa ser entendida por outras pessoas.

Mostre sua indicação literária a um colega. Peça a ele que verifique a escrita das palavras. Depois, o professor deverá fazer uma revisão do seu texto.

Se for necessário, melhore o texto fazendo as modificações sugeridas pelo colega e pelo professor.

Finalização e divulgação

Escreva a versão final da indicação literária em uma folha de papel. Desenhe ou procure uma imagem da capa do livro para ilustrar a indicação.

Abaixo da capa, escreva o título do livro, o nome do autor, do ilustrador, do tradutor (se houver), da editora que o publicou e o número de páginas.

O professor vai reunir as indicações para organizar um pequeno catálogo que será deixado na biblioteca da escola.

AMPLIANDO O VOCABULÁRIO

alforje

(al-**for**-je): saco fechado em ambas as extremidades e com uma abertura no centro, de modo a formar duas bolsas.

embornal

(em-bor-**nal**): saco em que são colocados alimentos.

tributo

(tri-**bu**-to): homenagem.

Alforje.

LEIA MAIS

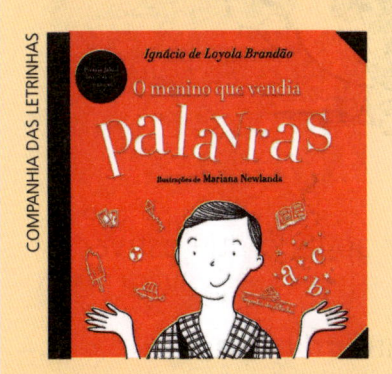

O menino que vendia palavras

Ignácio de Loyola Brandão. São Paulo: Companhia das Letrinhas, 2016.

Esse livro conta a história de um menino que tem um pai muito inteligente e conhece todas as palavras. Quem na sua família você considera muito inteligente?

LIÇÃO 15
POR QUE O MORCEGO SÓ VOA DE NOITE

VAMOS COMEÇAR!

O morcego tem o corpo parecido com o do rato, mas tem asas, como as aves. A história que você vai ouvir aconteceu há muitos e muitos anos, lá nas florestas africanas, quando houve uma guerra entre as aves e os outros animais. Quando a guerra foi declarada, de que lado você acha que o morcego ficou: do lado dos animais que sabem voar ou do lado dos animais que andam pelo chão?

Acompanhe a leitura do texto que o professor fará em voz alta.

Por que o morcego só voa de noite

[...]
– E agora? – perguntou a si mesmo o aparvalhado morcego.
– Eu não sou uma coisa nem outra.

Indeciso, não sabendo a quem apoiar, resolveu aguardar o resultado da luta:

– Eu é que não sou bobo. Vou me apresentar ao lado que estiver vencendo – decidiu.

Dias depois, escondido entre as folhagens, viu um bando de animais fugindo em carreira desabalada, perseguidos por uma

DAWIDSON FRANÇA

240

multidão de aves que distribuía bicadas a torto e a direito. Os donos de asas estavam vencendo a batalha e, por isso, ele voou para se juntar às tropas aladas.

Uma águia gigantesca, ao ver aquele rato com asas, perguntou:

– O que você está fazendo aqui?

– Não está vendo que sou um dos seus? Veja! – disse o morcego abrindo as asas. – Vim o mais rápido que pude para me alistar – mentiu.

– Oh, queira desculpar – falou a desconfiada águia. – Seja bem-vindo à nossa vitoriosa esquadrilha.

Na manhã seguinte, os animais terrestres, reforçados por uma manada de elefantes, reiniciaram a luta e derrotaram as aves, espalhando penas pra tudo quanto era lado.

O morcego, na mesma hora, fechou as asas e foi correndo se reunir ao exército vencedor.

– Quem é você? – rosnou um leão.

– Um bicho de quatro patas como Vossa Majestade – respondeu o farsante, exibindo os dentinhos afiados.

– E essas asas? – interrogou um dos elefantes. – Deve ser um espião. Fora daqui! – berrou o paquiderme erguendo a poderosa tromba num gesto ameaçador.

O morcego, rejeitado pelos dois lados, não teve outra solução: passou a viver isolado de todo mundo, escondido durante o dia em cavernas e lugares escuros.

É por isso que até hoje ele só voa de noite.

Rogério Andrade Barbosa. *Histórias africanas para contar e recontar.* São Paulo: Editora do Brasil, 2001. p. 9-12.

ESTUDO DO TEXTO

1 Pinte o personagem principal do conto.

> Os contos apresentam:
> • **narrador**: é quem apresenta os personagens e os acontecimentos;
> • **personagens**: são aqueles que participam da história;
> • **tempo**: quando se passa a história;
> • **lugar**: onde os fatos acontecem.

2 Releia este diálogo do conto.

– Quem é você? – rosnou um leão.

– Um bicho de quatro patas como Vossa Majestade – respondeu o farsante, exibindo os dentinhos afiados.

– E essas asas? – interrogou um dos elefantes. – Deve ser um espião. Fora daqui! – berrou o paquiderme erguendo a poderosa tromba num gesto ameaçador.

a) Circule o texto de acordo com a legenda:

✏️ falas do morcego   ✏️ falas do leão

✏️ falas do elefante   ✏️ trechos contados pelo narrador

b) Circule o sinal de pontuação usado para indicar a fala de cada personagem.

> O sinal usado para indicar a fala dos personagens é chamado de **travessão**.

3 As palavras e expressões abaixo referem-se a que grupo de animais do texto? Pinte-as com estas cores:

✏️ aves   ✏️ animais terrestres

- tropas aladas
- bicho de quatro patas
- paquiderme
- donos de asas

4 O morcego tinha um problema: não sabia se apoiava as aves ou os animais terrestres.

a) O que ele resolveu fazer?

_____

_____

b) Depois da primeira batalha, a que grupo o morcego se reuniu?

_____

c) Após a segunda batalha, o que o morcego fez?

_____

d) O problema do morcego foi resolvido? O que aconteceu no final da história?

_____

_____

Nos contos, os personagens passam por um **conflito** ou um problema. No final, chamado **desfecho**, há uma solução para o problema.

5 Copie o título do conto.

_____

a) Para transformar esse título em uma pergunta, o que está faltando nele?

_____

_____

b) Você acha que o título do conto está adequado? Por quê?

_____

_____

_____

6 Marque um **X** na resposta correta:

O conto que você leu foi escrito para:

☐ ensinar o que devemos fazer em uma situação difícil.

☐ explicar a origem lendária do comportamento de um animal.

☐ divertir o leitor.

7 Converse com os colegas e o professor sobre as questões abaixo.

a) O morcego mentiu para a águia e para o leão. Qual a sua opinião sobre essa atitude do personagem?

b) Você acha que o morcego merecia ter um final feliz? Por quê?

ESTUDO DA LÍNGUA

Parágrafo

1 Releia um trecho do conto e faça o que se pede.

> Uma águia gigantesca, ao ver aquele rato com asas, perguntou:
> – O que você está fazendo aqui?
> – Não está vendo que sou um dos seus? Veja! – disse o morcego abrindo as asas. – Vim o mais rápido que pude para me alistar – mentiu.

a) O trecho acima está organizado em três partes. Cada parte é um parágrafo. O que indica visualmente o início de um parágrafo?

_____

b) Pinte o espaço em branco que existe no início de cada parágrafo.

2 Marque um **X** nas respostas corretas:

a) A primeira palavra de cada parágrafo está escrita com:

☐ letra maiúscula.   ☐ letra minúscula.

b) Os parágrafos terminam:

☐ com um sinal de pontuação.   ☐ sem pontuação.

> O recuo, isto é, o espaço em branco que existe no começo de cada parte do texto, entre a margem e a primeira palavra escrita, indica o início de um **parágrafo**. Os parágrafos servem para dividir o texto em partes e organizá-lo.

Consoante seguida de R

1 Leia estas palavras do conto "Por que o morcego só voa de noite".

tropas	apresentar	esquadrilha
terrestre	outra	distribuía

- Observe as sílabas destacadas em cada palavra. O que elas têm em comum?

_____

_____

_____

2 Pesquise em jornais e revistas palavras que contenham as letras destacadas abaixo. Copie-as nos quadros.

BR	CR	DR	FR

GR	PR	TR	VR

3 Acrescente a letra **r** e forme novas palavras.

baço – _____   pego – _____

cavo – _____   fio – _____

gato – _____   pata – _____

246

4 Separe as sílabas.

trabalhador _____

madrugada _____

brinco _____

madrinha _____

brinquedo _____

cruzeiro _____

preto _____

vidraça _____

5 Forme palavras com estas sílabas seguindo a indicação de cores.

| bra | cra | dra | fra | gra | pra | tra |

■ + vo = _____   ■ + ço = _____

■ + to = _____   ■ + to = _____

■ + gão = _____   ■ + se = _____

■ + ma = _____   ■ + vo = _____

■ + tor = _____   ■ + ça = _____

■ + de = _____   ■ + ça = _____

Agora, forme mais uma palavra.

_____

247

6 Ligue as palavras aos objetos representados pelas imagens.

- travesseiro
- quadro
- livro
- trem
- frutas
- estrela

7 Observe a cena e faça o que se pede.

Descubra na cena figuras que tenham nomes escritos com (fr), (vr), (dr), (pr), (tr). Copie estes nomes nas linhas abaixo.

_____

_____

8 Escolha uma palavra da atividade anterior e forme uma frase com ela.

_____

248

UM TEXTO PUXA OUTRO

1 Você leu um conto que explica por que os morcegos só voam à noite. Agora, leia um texto informativo sobre esse mesmo assunto.

Por que os morcegos voam só à noite?

Os morcegos preferem voar à noite porque são parentes de animais noturnos. Eles também têm vantagens para voar à noite. Por exemplo, conseguem enxergar mesmo com pouca luz. Isso porque usam uma espécie de radar para identificar obstáculos ao longo do voo.

Maurício Graipel. Por que todos os morcegos só voam à noite? Fonte: Folhinha – UOL. Disponível em: http://goo.gl/s7RVP9. Acesso em: 16 maio 2022.

2 Com base nas informações do texto, marque um **X** em **sim** ou **não**.

	sim	não
Os morcegos são parentes de animais noturnos.		
Os morcegos não enxergam à noite.		
Os morcegos conseguem enxergar mesmo com pouca luz.		
Os morcegos usam uma espécie de radar para identificar obstáculos ao longo do voo.		

249

PRODUÇÃO DE TEXTO

Preparação

Observe a imagem destes animais.

Pesquisa

Reúna-se com mais três ou quatro colegas. Façam juntos uma pesquisa sobre um dos animais mostrados na imagem. Vocês podem consultar revistas científicas, livros, enciclopédias, *sites*.

Escrita

Escrevam o resultado da pesquisa no caderno.

Revisão e reescrita

Leia o texto que você escreveu. Verifique se é necessário fazer alguma correção. Depois, mostre o texto ao professor. Ele poderá sugerir outras modificações.

Exposição oral

No dia combinado pelo professor, apresentem oralmente os resultados da pesquisa ao restante da turma. Lembrem-se de que é importante:

- ser compreendido pelos colegas, por isso, pronunciem as palavras com clareza;
- usar um tom de voz que todos possam ouvir;
- falar em um ritmo adequado, ou seja, nem muito rápido nem muito devagar;
- respeitar a vez dos colegas falarem, ouvindo-os com atenção.

AMPLIANDO O VOCABULÁRIO

aparvalhado
(a-par-va-**lha**-do): desorientado, atrapalhado.

a torto e a direito: aos montes, em grande quantidade.

desabalada
(de-sa-ba-**la**-da): veloz.

esquadrilha
(es-qua-**dri**-lha): equipe, grupo.

paquiderme
(pa-qui-**der**-me): que tem a pele grossa.

radar
(ra-**dar**): uma ferramenta que as pessoas usam para encontrar algum objeto.

LEIA MAIS

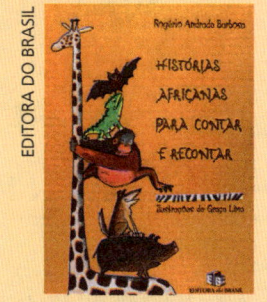

Histórias africanas para contar e recontar

Rogério Andrade Barbosa. São Paulo: Editora do Brasil, 2001.

Ao ler as histórias desse livro, você poderá conhecer um pouco dos costumes africanos.

LIÇÃO 16 — O JABUTI DE ASAS

VAMOS COMEÇAR!

Na história a seguir, o jabuti queria muito participar de uma grande festa no céu. Os pássaros, muito generosos, amarraram várias penas nas patas do jabuti para que ele pudesse voar.

Nessa festa, cada um tinha de usar um nome diferente. O jabuti, que era esperto, pensou um pouco e escolheu o nome *Pra Todos*. Você imagina por que ele fez essa escolha?

Faça uma leitura silenciosa do texto para verificar se o que você pensou se confirma. Depois, leia o texto em voz alta, com o professor e os colegas.

O jabuti de asas

[...]

Para ele decolar foi um custo. Os céus da África nunca tinham visto um ser voador tão desajeitado como aquele jabuti de asas reluzentes.

[...]

Por isso, quando alcançaram o céu, a festa já tinha começado. Uma mesa enorme para o café da manhã, coberta de frutas, aguardava havia tempo pelos retardatários.

A passarada, de acordo com velhos costumes, perguntou:

– Pra quem a comida vai ser servida primeiro?

A dona da festa, uma águia imponente, foi quem respondeu:

– Pra todos.

– Então é pra mim – disse o jabuti, avançando nas guloseimas, enquanto os pássaros observavam, sem poder fazer nada.

A festa continuou animada até a hora do almoço.

E, novamente, a cena se repetiu.

– Pra quem é o almoço? – tornaram a perguntar os pássaros.

– Pra todos – disse a anfitriã.

O jabuti, sem perder tempo, comeu tudo outra vez.

Na hora do jantar, foi a mesma coisa. O bando de aves, esfomeado, resolveu ir embora. Mas, primeiro, exigiu que o jabuti devolvesse as penas que haviam emprestado a ele.

– Entregue tudo – disseram os passarinhos, arrancando as plumas em torno das patas do jabuti.

Antes que os pássaros voassem de volta à floresta, o jabuti fez um pedido:

— Por favor, passem na minha casa e peçam para minha mãe colocar um monte de capim em frente à nossa porta — implorou.

— Para quê?

— Para eu não me machucar quando pular do céu — disse o espertalhão.

Os pássaros, zangados, quando chegaram à terra deram o recado errado para a mãe do jabuti:

— O seu filho pediu para a senhora colocar umas pedras bem grandes na entrada da casa.

Resultado: o jabuti se esborrachou contra os pedregulhos. Por sorte, não morreu. A mãe dele é que teve um trabalho danado pra remendar os pedaços do casco todo arrebentado.

Por causa do tombo, os descendentes do jabuti, além de passarem a andar muito devagar, carregam essa couraça rachada até hoje.

Rogério Andrade Barbosa. *Contos africanos para crianças brasileiras*.
São Paulo: Paulinas, 2016. p. 17-24.

ESTUDO DO TEXTO

1 Complete.

O título do conto é _____.

Esse conto foi publicado no livro _____.

O autor do livro é _____.

2 Que outro título você daria para essa história? Por quê?

_____
_____
_____

3 Circule o personagem principal do conto.

4 Copie um parágrafo do conto que permite afirmar que a história se passa no continente africano.

_____

_____

_____

_____

5 Por que o jabuti escolheu o nome **Pra Todos** para usar na festa?

☐ Provavelmente porque ele sabia que os pássaros tinham o costume de perguntar para quem a refeição seria servida e que a resposta seria "pra todos".

☐ Porque ele queria fazer uma homenagem a todos os pássaros que o ajudaram a chegar ao céu.

255

6 Numere os acontecimentos da história na ordem em que eles ocorreram.

☐ O jabuti pediu aos pássaros que dessem um recado à mãe dele: colocar um monte de capim em frente à porta da casa para ele não se machucar quando pulasse do céu.

☐ Na festa, o jabuti comeu toda a comida dos pássaros.

☐ Os pássaros deram o recado errado à mãe do jabuti, pedindo a ela que colocasse pedras bem grandes na entrada da casa.

☐ Os pássaros resolveram voltar para a floresta, mas exigiram que o jabuti devolvesse as penas que eles emprestaram.

☐ O jabuti se esborrachou todo nos pedregulhos.

7 Releia este parágrafo do conto.

> Na hora do jantar, foi a mesma coisa. O bando de aves, esfomeado, resolveu ir embora. Mas, primeiro, exigiu que o jabuti devolvesse as penas que haviam emprestado a **ele**.

O termo em destaque (ele) foi usado para substituir uma palavra da frase, evitando que ela fosse repetida. Que palavra é essa?

___

256

ESTUDO DA LÍNGUA

Consoante seguida de L

1 Leia estas palavras do conto "O jabuti de asas". Depois, escreva cada sílaba em um quadrinho.

claro

plumas

floresta

explicou

implorou

exclamava

2 Observe os quadrinhos vermelhos da atividade 1. O que as sílabas desses quadrinhos têm de parecido?

☐ Todas as sílabas em destaque começam com **pl**.

☐ Todas as sílabas em destaque aparecem no início da palavra.

☐ Todas as sílabas em destaque são formadas por uma consoante seguida da letra **l** e de uma vogal.

3 Acrescente a letra ⬭l⬭ e forme novas palavras.

cima – _____   pano – _____

cara – _____   fecha – _____

fora – _____   paca – _____

257

4 Complete as frases usando as palavras do quadro.

| flores | Flávio | atleta | flautista | bicicleta |
| claridade | plantar | aplaudido | Glória | triatlo |

a) O _____ foi muito _____.

b) Ela só gosta de _____ vermelhas.

c) A _____ do sol penetrava no quarto de _____.

d) _____ ganhou uma _____ nova.

e) O _____ que ganhou o _____ era muito veloz.

5 Complete as palavras com bl, cl, fl, gl, pl ou tl. Depois reescreva-as separando suas sílabas.

_____oco _____   _____echada _____

_____oro _____   a_____eta _____

_____uma _____   _____ástico _____

_____ube _____   _____aridade _____

_____anela _____   pro_____ema _____

_____ima _____   _____icose _____

a_____ição _____   a_____auso _____

_____atina _____   bi_____ioteca _____

_____acê _____   _____anejar _____

258

EU GOSTO DE APRENDER MAIS

Leia o texto abaixo. Ele explica a diferença entre duas espécies de jabuti.

Persistentes e coloridos

No Brasil, existem apenas duas espécies de jabutis: o jabuti-piranga e o jabuti-tinga. A palavra "jabuti" tem origem na língua indígena tupi e quer dizer "o que é persistente", ou, talvez, "o que não bebe".

O motivo é simples. Mesmo sendo vagarosos no seu caminhar, esses animais conseguem andar por longas distâncias e podem ficar muitas semanas sem comer ou beber água. Mas não se engane, pois, apesar disso, os jabutis precisam de água sim, que pode ser obtida diretamente dos alimentos, como pequenos animais, e, principalmente, frutas e folhas suculentas.

O jabuti-piranga e o jabuti-tinga ganharam seus nomes dos indígenas que falavam tupi justamente por causa da cor das escamas de suas cabeças e membros. "Piranga" quer dizer "vermelho", enquanto "tinga" é "branco". O curioso disso tudo é que o jabuti-tinga é amarelado e não branco!

Henrique Caldeira Costa. Vida longa e próspera. Revista *Ciência Hoje das Crianças* (*on-line*) [4 fev. 2011]. Disponível em: http://chc.org.br/coluna/vida-longa-e-prospera/. Acesso em: 3 ago. 2021.

1 Depois de ler as características de cada jabuti, escreva o nome de cada espécie abaixo das fotos.

_____   _____

2 Explique oralmente por que o jabuti recebeu esse nome.

259

UM TEXTO PUXA OUTRO

💬 Você já foi ao teatro? Qual era a história da peça?

O texto a seguir foi escrito para ser encenado. É uma peça de teatro. Faça uma primeira leitura silenciosa e, a seguir, uma segunda leitura compartilhada com o professor e os colegas em voz alta.

A festa no céu

NARRADOR:

Decidiram fazer uma festa no céu.
A tartaruga ficou sabendo da festa, mas não sabia como iria. Ela então pediu ao Urubu:

TARTARUGA:

– Me leve à festa no céu, seu Urubu. Eu não sei voar e você bem que poderia me levar.

URUBU:

– Não me amole! A festa não é para você!

NARRADOR:

A tartaruga saiu triste seguindo o seu caminho. De repente, ela teve uma ideia:

TARTARUGA:

– Ah! Já sei como irei à festa! Quando o Urubu dormir, eu irei bem devagarzinho e me escondo dentro do violão dele.

NARRADOR:

E, assim, a tartaruga esperou o Urubu dormir e escondeu-se dentro do violão. O Urubu acordou assustado, olhou as horas e disse:

TARTARUGA:

– Xiii... já está passando da hora, estou atrasado para a festa no céu!

NARRADOR:

Ele saiu voando bem depressa com seu violão pendurado nas costas e não notou a tartaruga bem escondidinha.

Pelo caminho, o Urubu encontrou também vários pássaros voando em direção ao céu.

Quando o Urubu chegou ao céu, ele ficou maravilhado.

Estava todo enfeitado com estrelas de várias cores, que piscavam sem parar.

[...]

Havia doces e salgadinhos de todas as qualidades.

O Urubu deixou o violão encostado num canto e foi dançar.

A Tartaruga aproveitou e saiu de dentro do violão.

A tartaruga então começou a comer tudo que via pela frente e dançou a noite inteira.

O Urubu viu a Tartaruga e ficou desconfiado.

VANESSA ALEXANDRE

URUBU:

– Como você chegou aqui Dona Tartaruga? Você não sabe voar!

TARTARUGA:

– Ora, Seu Urubu, isso é segredo. Eu dei um jeitinho e aqui estou.

NARRADOR:

Quando a festa estava quase no fim, a Tartaruga mais que depressa se escondeu dentro do violão.

O Urubu despediu-se de todos, pôs o violão nas costas e voou em direção à Terra.

Mas ele achou o violão muito pesado. Era porque a Tartaruga havia comido muito durante a festa.

Desconfiado, o Urubu olhou dentro do violão.

E quem estava lá dentro? Era a Tartaruga toda encolhidinha.

URUBU:

– Ah! Peguei você, Tartaruga mentirosa! Agora você vai aprender!

NARRADOR:

E o Urubu virou o violão e a Tartaruga veio caindo lá do céu.

A Tartaruga caiu em cima de uma pedra e ficou toda quebrada.

E é por isso que até hoje as tartarugas têm o casco todo recortado.

A Tartaruga aprendeu a lição. Não deve ir onde não somos chamados.

Conto adaptado por Geruza Rodrigues Pinto.
Fonte: Gente Miúda. Disponível em: https://goo.gl/Tc4fFh. Acesso em: 20 dez. 2022.

Converse com os colegas e com o professor.

- O que você achou da atitude da Tartaruga de se esconder no violão do Urubu?
- E você? Qual bicho gostaria de ser e como conseguiria chegar a uma festa no céu?
- Que tal encenar essa peça de teatro? Reúna-se com três colegas para treinar as falas dos personagens e do narrador.

PRODUÇÃO DE TEXTO

Preparação

Nesta atividade, você e os colegas vão reescrever o conto "O jabuti de asas".

Planejamento

O professor vai reler a história. Ouça com atenção para identificar os personagens, o lugar em que se passa a história, o problema que o personagem principal enfrenta, as soluções que ele encontra para resolver esse problema e como a história termina.

Reconto oral

Agora, cada um vai contar um trecho da história com as próprias palavras.

Vocês podem mudar a voz para representar os diferentes personagens. Também podem fazer gestos e expressões para demonstrar o que estão sentindo.

Lembre-se de falar em um tom de voz adequado, nem muito baixo nem muito alto.

Escrita

Agora que você ouviu a leitura do professor e recontou a história oralmente com a turma, reescreva o conto no espaço abaixo, com a ajuda de um colega.

_____
_____
_____
_____
_____
_____
_____
_____
_____

Revisão e reescrita

Chegou a hora de revisar e corrigir os textos produzidos.

Troquem o texto com outra dupla. Vocês vão ler e fazer anotações na história que os colegas escreveram.

Devolvam o texto dos colegas e leiam o que eles anotaram no texto de vocês. Também poderão mostrar o texto ao professor, para que ele faça novas sugestões.

Corrijam o que acharem necessário e escrevam a versão final em outra folha de papel.

Socialização

Agora, preparem-se para ler à turma a história que você e seu colega escreveram. Lembrem-se de:
- mudar a voz para representar os diferentes personagens;
- fazer gestos e expressões para demonstrar o que estão sentindo;
- falar em um tom de voz adequado, nem muito baixo nem muito alto, nem muito rápido nem devagar demais.

AMPLIANDO O VOCABULÁRIO

anfitriã
(an-fi-tri-**ã**): dona da casa que recebe os convidados.

esborrachou
(es-bor-ra-**chou**): arrebentou-se, estatelou-se.

imponente
(im-po-**nen**-te): importante, de grande autoridade.

reluzentes
(re-lu-**zen**-tes): brilhantes.

retardatários
(re-tar-da-**tá**-rios): aqueles que chegaram atrasados.

LEIA MAIS

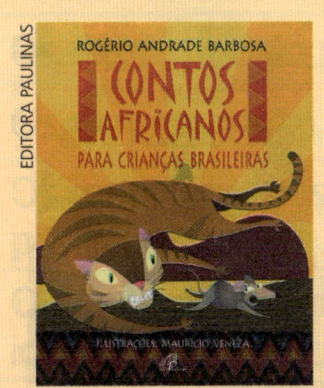

Contos africanos para crianças brasileiras

Rogério Andrade Barbosa. São Paulo: Paulinas, 2016.

Nesse livro, há dois contos da literatura oral de Uganda, um país africano. O primeiro conto fala de como surgiu a inimizade entre o gato e o rato. O segundo é este que você conheceu.

ORGANIZANDO CONHECIMENTOS

1. Visite a biblioteca da escola ou o cantinho de leitura da sala de aula e escolha um livro. Desenhe a capa do livro e escreva todas as informações que aparecem nela.

2. Leia o livro que você escolheu.

- Escreva, ao lado do desenho da capa, o que achou da história.
- Compartilhe com os colegas sua opinião sobre o livro.

3 Leia este conto de fadas.

Em uma manhã ensolarada, os ovos se quebraram. Deles, nasceram quatro lindos filhotes amarelinhos... e um patinho cinza muito diferente. Ele era maior, mais feio e mais desajeitado do que os outros.

Apesar de sua mãe amá-lo muito, ele se sentia só e, quando já não aguentava mais as risadas cruéis dos outros filhotes, decidiu fugir. Seguiu em direção ao bosque, mas, anoiteceu e ele teve de parar, tremendo de frio e de medo.

No dia seguinte, o patinho encontrou um sítio. Cansado e faminto, resolveu entrar e, lá, um gato e uma galinha lhe ofereceram abrigo.

Os dias que se seguiram foram de vento e neve e, numa certa manhã gelada, o patinho saiu para passear um pouco. De repente, viu umas aves muito bonitas voando. "Eu gostaria de ser como elas", pensou o patinho com admiração.

Essas aves eram cisnes, mas o patinho feio não sabia e voltou para o sítio. O inverno passou e, com a chegada da primavera, aquele patinho feio e diferente cresceu e transformou-se em um lindo cisne. Ninguém jamais voltou a rir dele, pois agora era a criatura mais elegante da lagoa.

María Mañeru. *Contos da carochinha*: um livro de histórias clássicas.
Barueri, SP: Girassol, 2014. p. 6-7.

4 Você conhece esta história? Sabe qual é o título dela? Escreva.

_____

  a) Você acha que essa história traz algum ensinamento? Por quê?

  _____

  _____

  b) A ilustração está relacionada a que parágrafo do texto?

  _____

  c) Que palavras do texto caracterizam o patinho diferente no início do conto?

  _____

  d) E como ele é caracterizado no final da história?

  _____

5 Copie do texto palavras com **ch**, **lh** e **nh**.

_____

6 Localize o título do livro em que o conto foi publicado e copie:

  a) uma palavra escrita com consoante seguida de **r** –

  _____

  b) uma palavra escrita com consoante seguida de **l** –

  _____

268

7 Leia este verbete.

> **castelo** (cas.te.lo) **1.** Residência fortificada com torres e com uma cova profunda que a rodeia *(O castelo da rainha ficava no alto de uma montanha.)*; **2.** Qualquer construção parecida com essa residência *(Castro faz castelos na areia da praia.)*.
>
> Saraiva Júnior: dicionário da língua portuguesa ilustrado. 3. ed. São Paulo: Saraiva, 2009. p. 49.

• Qual dos significados acima combina com frase:

Branca de Neve fugiu do castelo e foi refugiar-se na floresta.

☐ 1   ☐ 2

8 Leia as palavras o mais rápido que conseguir.

> Abraço, bruxa, cobre, broche.
> Criança, cruzeiro, creme, cru.
> Pedra, madrinha, padrinho.
> Quatro, quadro, quadrado.
>
> Domínio público.

• Circule as palavras escritas com consoante seguida de **r**.

9 Complete.

a) **Viver** é o contrário de _____.

b) **Acordar** é o contrário de _____.

c) **Amanhecer** é o contrário de _____.

10 Leia o texto silenciosamente. Depois, escolha um parágrafo e leia em voz alta para o professor e colegas.

A raposa e a uva

Certo dia uma raposa passeava por um parreiral quando sentiu o perfume das uvas. Olhou para o alto e viu a uva pendurada em cachos vermelhos e suculentos. Pensou:

– Ah! Se eu conseguisse alcançar...

Esperta, a raposa pulou o mais alto que conseguiu, mas ainda assim, as uvas continuavam fora do alcance de suas mãos.

Ela tentou mais uma vez! Plaft! Caiu esparramada no chão.

Vendo-se vencida pela altura dos cachos olhou para as uvas, sacudiu os ombros, e falou bem alto:

– Eu não quero mesmo! Estas uvas estão verdes!

Fábulas de Esopo. Texto adaptado.

a) Copie do último parágrafo, a fala da raposa ao não conseguir apanhar as uvas.

_____

_____

b) Que sinal de pontuação você usou ao copiar a frase da raposa?

☐ ponto-final

☐ ponto de interrogação

☐ ponto de exclamação

11 Pesquise no texto *A raposa e a uva* palavras escritas com **ch** e **lh** e contorne-as.

REFERÊNCIAS

ASSIS, Antônio Augusto de. Trovas lírico/filosóficas, 8. *Falando de Trova*, 2021. Disponível em: https://bit.ly/2UoscTB. Acesso em: 30 jul. 2022.

BARBOSA, Rogério Andrade. *Contos africanos para crianças brasileiras*. São Paulo: Paulinas, 2016.

_____. *Histórias africanas para contar e recontar*. São Paulo: Editora do Brasil, 2001.

BARROS, Manoel de. *Poesia completa*. São Paulo: Leya, 2010.

BRANDÃO, Ignácio de Loyola. *O menino que vendia palavras*. São Paulo: Companhia das Letrinhas, 2016.

CARVALHO-SOUZA, Gustavo F. de; MIRANDA, Daniele de A. Por que alguns animais marinhos comem lixo? Revista *Ciência Hoje das Crianças*, ano 25, n. 232, p. 12, mar. 2012.

CATALDO, Joanna. *Joca*, ed. 110, abr. 2018, p. 3.

CECCONELLO, Eleonora Beal. *365 histórias para contar*. Cotia, SP: Pé da letra, 2017.

COELHO, Nelly Novaes. *Primeiro dicionário escolar*: Língua Portuguesa. São Paulo: Companhia Editora Nacional, 2008.

COMO é a experiência de uma criança na África do Sul? Disponível em: https://viajarcomcriancas.com.br/africa-do-sul-criancas/. Acesso em: 18 ago. 2022.

COSTA, Henrique Caldeira. Vida longa e próspera. Revista *Ciência Hoje das Crianças* (*on-line*) [4 fev. 2011]. Disponível em: http://chc.org.br/coluna/vida-longa-e-prospera/. Acesso em: 3 ago. 2021.

DONA BENTA para crianças: lanches para toda hora, com a turma do Sítio do Picapau Amarelo. São Paulo: Companhia Editora Nacional, 2007.

DONA BENTA: comer bem. São Paulo: Companhia Editora Nacional, 2004.

DOUTORES da Alegria. Direitos universais da criança hospitalizada. Disponível em: https://doutoresdaalegria.org.br/blog/direitos-universais-da-crianca-hospitalizada/. Acesso em: 20 jun. 2022.

FIOCRUZ. A Declaração dos Direitos da Criança. Disponível em: http://www.fiocruz.br/biosseguranca/Bis/infantil/direitodacrianca.htm. Acesso em: 16 maio 2022.

FRAGATA, Cláudio. *Balaio de bichos*. São Paulo: DCL, 2010.

FRATE, Diléa. *Histórias para acordar*. São Paulo: Companhia das Letrinhas, 2019.

FURNARI, Eva. *Bruxinha Zuzu e Gato Miú*. São Paulo: Moderna, 2010.

GRAIPEL, Maurício. Por que todos os morcegos só voam à noite? Fonte: Folhinha – UOL. Disponível em: http://goo.gl/s7RVP9. Acesso em: 16 maio 2022.

IURUPARI. Disponível em: http://iurupari.blogspot.com/2017/. Acesso em: 20 jun. 2022.

KINNEY, Jeff. *Diário de um banana*: um romance em quadrinhos. Cotia, SP: Vergara & Riba Editoras, 2008.

LAERTE. *Carol*. São Paulo: Noovha América, 2010.

LAGO, Samuel Ramos. *Vivendo com saúde 4*: saúde bucal. Curitiba: Nossa Cultura, 2009.

LEMOS, Gláucia. *O cão azul e outros poemas*. Belo Horizonte: Formato, 1999.

MAÑERU, María. *Contos da carochinha*: um livro de histórias clássicas. Barueri, SP: Girassol, 2014.

MARCOS, João. *Histórias tão pequenas de nós dois*: com Mendelévio e Telúria. Belo Horizonte: Abacatte, 2011.

MEDINA, Sinval; BUENO, Renata. *Manga madura não se costura?* São Paulo: Editora do Brasil, 2012.

MEIRELLES, Renata. Povos indígenas no Brasil mirim. Disponível em: https://goo.gl/6nbiMz. Acesso em: 20 jun. 2020.

MOLINERO, Bruno; VALDANHA, Gabriela. Feche a torneira! *Folha de S.Paulo*, São Paulo, 15 mar. 2014. Folhinha.

MOUTINHO, Sofia. Dossiê Dentes de Leite. Fonte: Revista *Ciência Hoje das Crianças* (*on-line*). Disponível em: http://chc.org.br/dossie-dentes-de-leite/. Acesso em: 29 jul. 2022.

NADALIM, Carlos; MARQUES, Francisco; MARQUES, Estêvão. *Linha, agulha, costura*: canção, brincadeira, leitura. Belo Horizonte: Desvendério, 2017.

OBEID, César. *Sou indígena e sou criança*. São Paulo: Moderna, 2014.

PERNA de pau. Mapa do Brincar – UOL. Disponível em: http://goo.gl/Xc43uJ. Acesso em: 30 jul. 2022.

PINTO, Geruza Rodrigues. Gente Miúda. Disponível em: https://goo.gl/Tc4fFh. Acesso em: 20 dez. 2022.

QUEIROZ, Rachel de. *Memórias de menina*. Rio de Janeiro: José Olympio, 2009.

RAGGIOTTI, Naiara. *Mini Larousse da reciclagem*. São Paulo: Larousse do Brasil, 2006.

ROMEU, Gabriela. Um pulo na floresta. *Folha de S.Paulo*, São Paulo, 16 nov. 2013. Folhinha.

SANTOS, José. *Crianças do Brasil*: suas histórias, seus brinquedos, seus sonhos. São Paulo: Peirópolis, 2009.

SARAIVA JÚNIOR: dicionário da língua portuguesa ilustrado. 3. ed. São Paulo: Saraiva, 2009.

SHIELDS, Amy. *Meu primeiro grande livro dos porquês*. Trad. Mathias de Abreu Lima Filho. Barueri: Girassol, 2011.

SOUSA, Mauricio de. *Turma da Mônica e a saúde bucal*. Fonte: Secretaria de Estado da Saúde de São Paulo. Disponível em: https://crianca.mppr.mp.br/arquivos/File/publi/turma_da_monica/monica_saude_bucal.pdf. Acesso em: 30 jun. 2022.

_____. *120 Tirinhas da Turma da Mônica*. Porto Alegre: L&PM, 2012.

TERENZI, Gabriela. Tchau, dente de leite! *Folha de S.Paulo*, São Paulo, 9 nov. 2013. Suplemento Folhinha.

TOQUINHO; ANDREATO, Elifas. *Canção de todas as crianças*. Rio de Janeiro: Universal, 1987, CD.

VILLELA, Bia. *Era uma vez um gato xadrez...* São Paulo: Moderna, 2016.

ZATZ, Sílvia. *O Clube dos Contrários*. São Paulo: Companhia das Letrinhas, 2008.

ZIGG, Ivan. *O livro do Rex*. Rio de Janeiro: Nova Fronteira, 2013.

ZIRALDO. *Diário da Julieta 3*: o blog de férias da Menina Maluquinha. São Paulo: Globo, 2012.

_____. *Diário da Julieta*: as histórias mais secretas da Menina Maluquinha. São Paulo: Globo, 2006.

Coleção
Eu gosto m@is

ALMANAQUE

CIRANDA DE LEITURA

Dom Ratinho

Os olhinhos
espertinhos,
de focinho
alegrinho,
bigodinho
nervosinho,
de passinho
ligeirinho:
Dom Ratinho.

Cyro de Mattos. *O menino camelô*.
São Paulo: Atual, 2004.

O Cravo brigou com a Rosa,
debaixo de uma sacada,
o Cravo saiu ferido,
a Rosa, despetalada.

O Cravo ficou doente,
a Rosa foi visitar.
O Cravo deu um suspiro,
a Rosa pôs-se a chorar.

Domínio público.

Procura-se vivo ou morto
um sapo de estimação
que morava no jardim em frente.
Puxa vida! Era um sapo tão sabido
que até piscava o olho pra gente.
Mas o jardim acabou,
virou supermercado,
e o sapo, coitado...
Será que alguém come sapo enlatado?

Roseana Murray. *Classificados poéticos*.
São Paulo: Moderna, 2010.

Meio-dia,
macaco assobia.
Panela no fogo,
barriga vazia.

Domínio público.

Eu vou fazer um relógio
de um galhinho de poejo
para contar os minutos
do tempo que não te vejo.

Domínio público.

O tempo perguntou ao tempo
quanto tempo o tempo tem.
O tempo respondeu ao tempo
que não tinha tempo
de ver quanto tempo
o tempo tem.

Domínio público.

OFICINA DE TEXTO 1
Poema

Leia o poema e as explicações da página seguinte.

As borboletas

Brancas
Azuis
Amarelas
E pretas
Brincam
Na luz
As belas borboletas

Borboletas brancas
São alegres e francas

Borboletas azuis
Gostam muito de luz

As amarelinhas
São tão bonitinhas!

E as pretas, então...
Oh! Que escuridão!

Vinicius de Moraes. *A arca de Noé*. São Paulo: Companhia das Letrinhas, 2004.

> **Poema** é um texto escrito em versos.
> **Verso** é cada linha de um poema.
> **Estrofe** é o conjunto de versos.
> **Rima** é a semelhança entre os sons no final de duas ou mais palavras.

ALMANAQUE

Agora, componha um poema sobre o **dia** e a **noite**.

OFICINA DE TEXTO 2
História em quadrinhos

Leia o conto e transforme-o numa história em quadrinhos. Desenhe-a na página seguinte.

Continho

Era uma vez um menino triste, magro e barrigudinho, do sertão de Pernambuco. Na soalheira danada de meio-dia, ele estava sentado na poeira do caminho, imaginando bobagem, quando passou um gordo vigário a cavalo:
— Você aí, menino, para onde vai esta estrada?
— Ela não vai, não; nós é que vamos nela.
— Engraçadinho duma figa! Como você se chama?
— Eu não me chamo, não; os outros é que me chamam de Zé.

Paulo Mendes Campos e outros. *Crônicas*. São Paulo: Ática, 1989. (Para gostar de ler, 1.)

ALMANAQUE

OFICINA DE TEXTO 3
Texto instrucional

Que tal ensinar aos colegas algo especial que você saiba fazer?
- Uma receita culinária.
- Um jogo e suas regras.
- A montagem de um brinquedo.

_____
título

Você vai precisar de:

Modo de fazer

OFICINA DE TEXTO 4
Reportagem

Leia esta matéria.

Bela em extinção

Mata Atlântica pode perder para sempre um de seus mais ilustres moradores: a onça-pintada

Terceiro maior felino do mundo e maior predador do Brasil, a onça-pintada é a rainha das nossas florestas. Mas, infelizmente, seus dias de realeza podem estar contados: ela está cada vez mais ameaçada e pode desaparecer para sempre da Mata Atlântica. Por sorte, porém, existem pesquisadores dispostos a enfrentar uma corrida contra o tempo para salvá-la.

A onça-pintada, terceiro maior felino do mundo, corre risco de desaparecer – e tudo por causa da ação do homem.

Beatriz de Mello Beisiegel, analista ambiental do Instituto Chico Mendes de Conservação da Biodiversidade, explica que as duas maiores ameaças à sobrevivência da onça-pintada são a caça e a destruição dos ambientes naturais onde ela vive.

"A onça é um animal muito caçado, por esporte, por medo ou mesmo como forma de ganhar honra, já que em muitas culturas matar uma onça é sinônimo de força", explica. "A caça das presas das onças, como porcos-do-mato e veados, também é enorme e diminui sua fonte de alimento. Para piorar, existem poucas áreas grandes o suficiente para preservar esses animais".

O fim definitivo do felino poderia causar uma verdadeira confusão: sem as onças, as populações dos animais que antes eram suas presas tenderia a aumentar.

Como suas presas são herbívoras, ou seja, se alimentam de plantas, isso pode desequilibrar ainda mais a mata. "Toda a ecologia da floresta pode mudar. Os muitos herbívoros irão exigir mais da vegetação. Como ficaria a floresta daqui a 500 anos?", questiona Beatriz.

Segundo a pesquisadora, são três as linhas de ação principais para salvar as onças. "Temos procurado atuar no controle da caça, no aumento das áreas de preservação das onças e também no estímulo a novos estudos sobre esse animal, pois quanto mais o conhecermos, melhor será possível protegê-lo", garante.

Outra fera em risco

O leão do oeste da África também está em extinção.

A vida não está fácil para a família real da floresta. Na África, outro grande felino também corre risco de extinção: o leão. Philipp Henschel, coordenador de pesquisa do Programa de Sobrevivência do Leão, encontrou leões em apenas quatro das 21 áreas de preservação existentes no oeste do continente. Assim como a onça-pintada, seu desaparecimento pode afetar todo o ecossistema local. "Temos de agir rápido para salvar os leões. Vamos ajudar financeiramente os países para que protejam os leões e suas presas e para que preservem mais áreas em que esses animais ainda existem", explica.

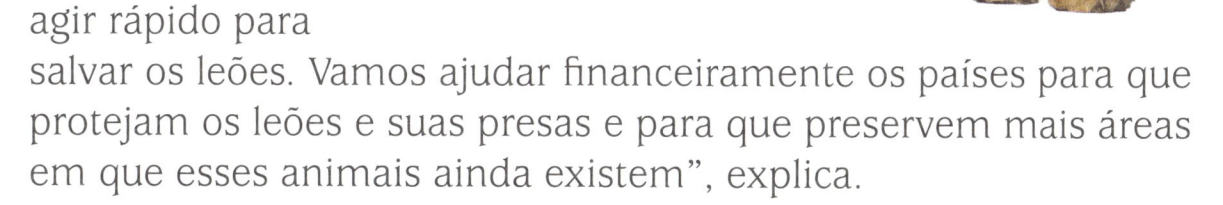

Isabelle Carvalho. *Ciência Hoje das Crianças,* 4 fev. 2014. Disponível em: http://chc.cienciahoje.uol.com.br/bela-em-extincao/. Acesso em: 30 jul. 2022.

ALMANAQUE

Hoje é seu dia de repórter!

Escolha um dos temas sugeridos a seguir e faça uma pesquisa sobre ele.

1. A rua onde moro.
2. Pessoa talentosa.
3. Os bebês que nasceram neste mês.
4. Crianças que não estudam.
5. Para onde vai o lixo.

Você pode fazer entrevistas, tirar fotos para ilustrar sua matéria, fazer gráficos para montar dados coletados, pesquisar em livros e documentos para enriquecer seu trabalho.

_____
tema

OFICINA DE TEXTO 5
Entrevista

Entreviste uma pessoa adulta, registre suas respostas e descubra quantas histórias interessantes ela tem para contar. Depois, relate aos colegas como foi essa experiência.

Pergunta: Qual é seu nome?

Resposta: _____
_____
_____

Pergunta: Onde você nasceu?

Resposta: _____
_____
_____

Pergunta: Qual é sua idade?

Resposta: _____

Pergunta: Você teve a oportunidade de estudar? Onde?

Resposta: _____
_____
_____

Pergunta: Qual é sua profissão?

Resposta: _____
_____

ALMANAQUE

Pergunta: Onde você passou sua infância: na capital ou no interior?

Resposta: _____
_____
_____

Pergunta: Seus pais eram bravos, calmos, pacientes, enérgicos?

Resposta: _____
_____
_____

Pergunta: Fale sobre alguma traquinagem de sua infância.

Resposta: _____
_____
_____

Pergunta: Fale sobre um fato de que você se lembre e tenha saudade.

Resposta: _____
_____
_____

Pergunta: Deixe uma mensagem para nós, crianças.

Resposta: _____
_____
_____

OFICINA DE TEXTO 6
Descrição

Observe atentamente cada uma das imagens e escreva um pequeno texto contando o que você vê.

- Que elementos compõem a cena?
- Em que ambiente?
- Que cores foram usadas?
- Existem elementos vivos na obra?

Salvador Dalí. *Natureza morta vivente.* 1956.

Carl Larsson. *A cozinha – Suzanne e Kersti batendo manteiga.* Por volta de 1900.

ALMANAQUE

COLEÇÃO PARTICULAR, SP

Portinari. *Meninos soltando papagaios*. 1947. Óleo sobre madeira. 60,5 cm x 73,5 cm.

CONSTABLE & COMPANY

Arthur Rackham. *João e Maria.* 1990.

Adesivos para colar onde quiser

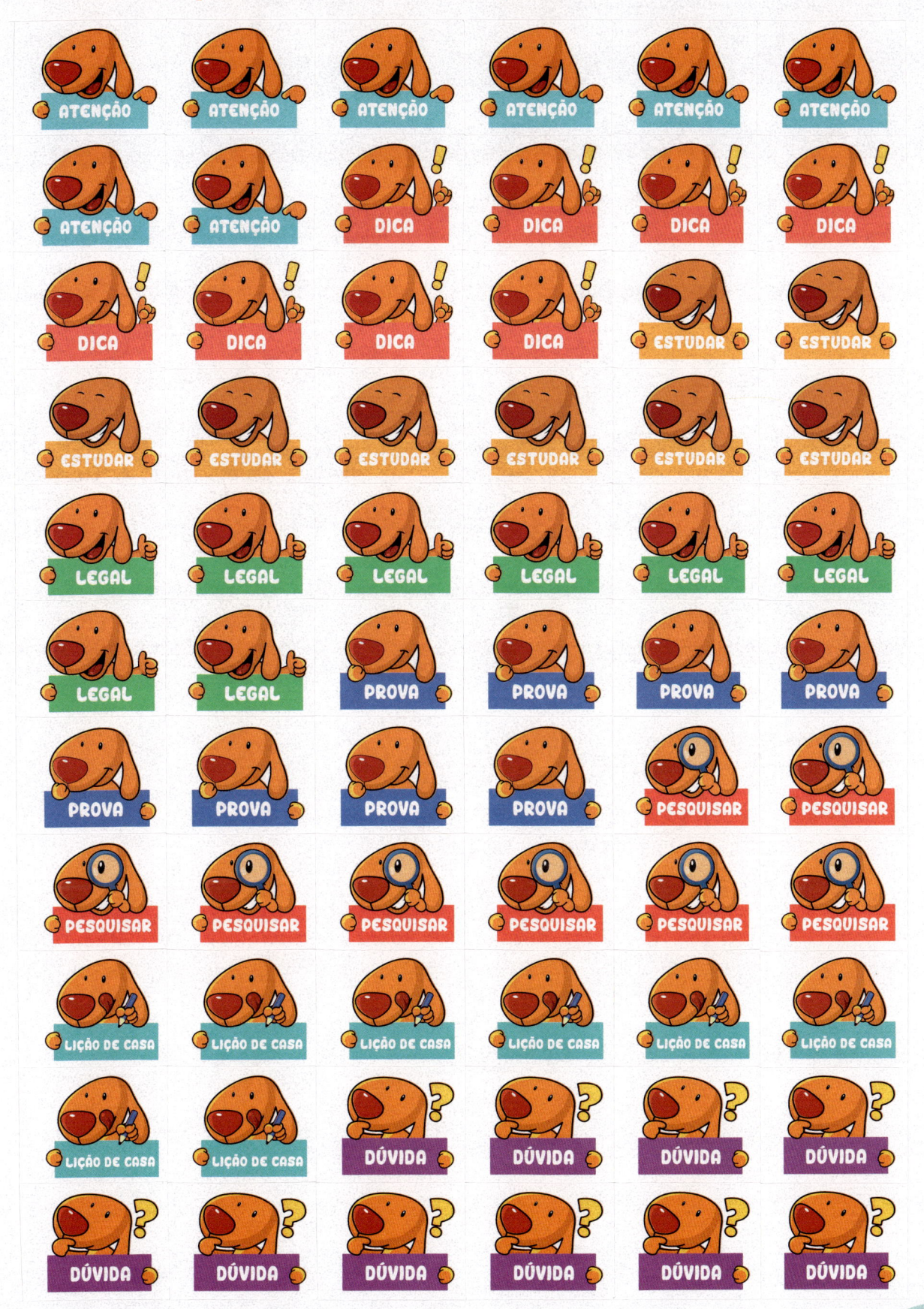

ADESIVOS

289

Parte integrante da Coleção Eu gosto m@is – Língua portuguesa 2º ano – IBEP.

Adesivos para colar onde quiser

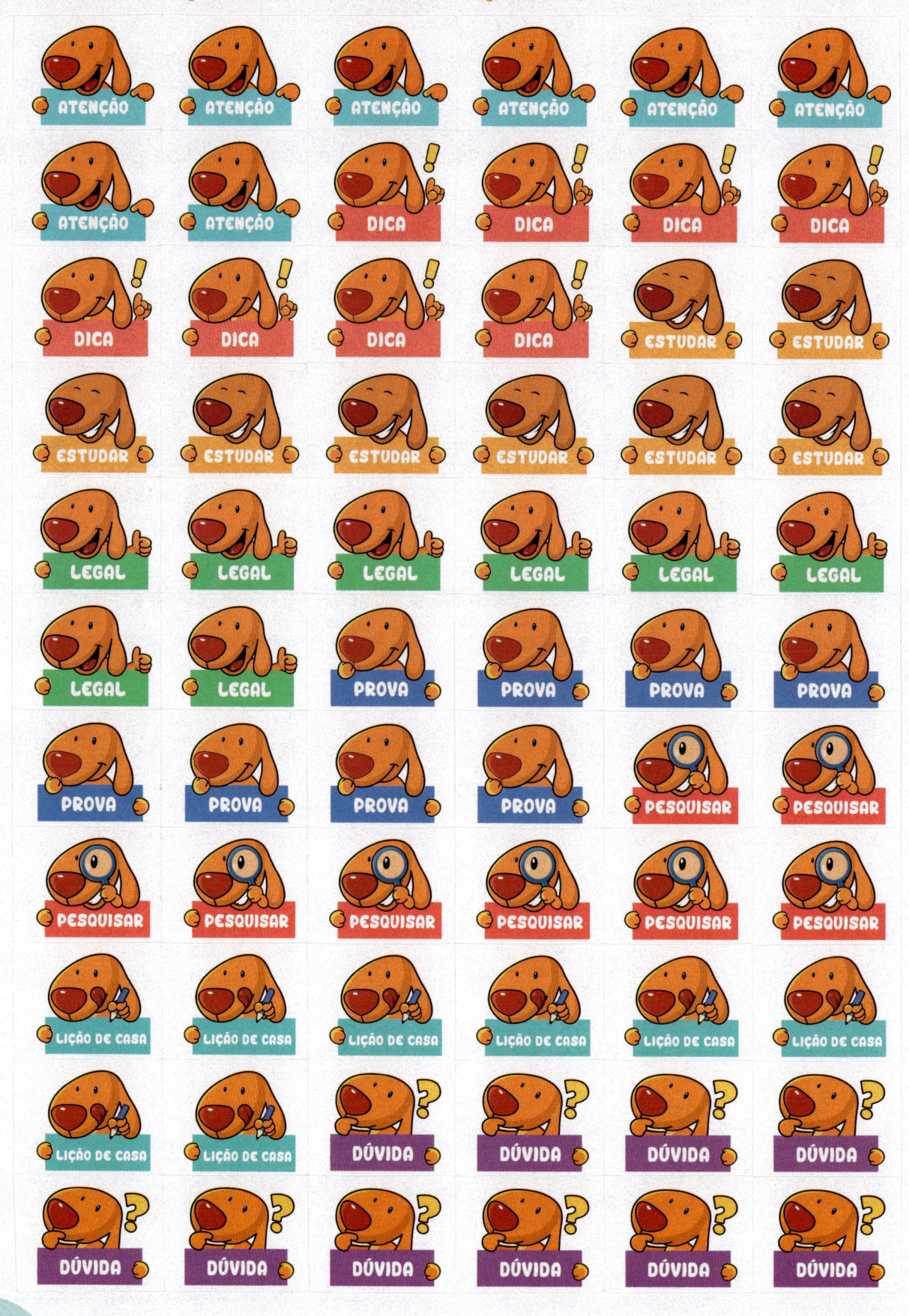